돈 버는 게
제일 쉽다

To.

_____

_____

_____

From

당신도 35세 10억
회사의 주인이 될 수 있다.

당신은 왜 아직도 부자가 아닐까? 학교에서 열심히 공부했고 누구보다 치열하게 일했는데 말이다. 부자가 된 사람은 어떻게 해서 부자가 되었을까? 이런 고민을 해 본 적이 있는가? 이런 생각조차 해 보지 않았다면 당신이 부자가 아닌 것은 당연하다.

부자가 된 사람은 부를 진정으로 갈망했다. 꿈의 노트를 소유했다. 강렬한 믿음을 가졌다. 책 읽기를 즐겨했다. 책을 통해 부자가 될 수 있는 길을 찾았고 되고 싶은 모습대로 행동을 했다.

부자는 돈을 쫓아 살아가지 않았다. 꿈을 쫓아 살아갔다. 돈이 아닌 꿈의 노예로 살아갔다. 물론, 과정 속에서 거지가 되는 경우도 흔하게 있었다. 당신이 거지가 되기를 주저하지 않는다면 부자의 자질이 충분히 있는 것이다. 빨리 거지가 되보고 따뜻한 온실에서 나와 치열한 야생형 인간이 되어야 한다.

부자가 된 사람은 자신의 롤 모델을 가지고 있었다. 자신의 롤 모델을 완벽하게 카피했다. 의도적으로 롤 모델을 찾아갔다. 부를 진정으로 갈망했기 때문이다.

필자는 평범한 가정에서 태어났다. 하지만 진정으로 부를 갈망했다. 잘 살고 싶었다. 좋은 차도 타고 싶었다. 학교 수업보다는 책 읽는 것을 더 좋아 했다. 부자가 되는 것에 더 큰 관심이 있었다. 평민에서 신분변화를 꿈꾸었다. 부자가 될 수 있는 방법을 끊임없이 연구했다. 부자가 된 사람을 분석하기 시작했고 그 사람들의 생각과 습성들을 익히려고 노력했다. 평균 이하의 가정 형편과 스펙으로 필자가 부자가 될 수 있는 방법을 책 속에서 찾았다. 책을 통해서 부자가 되는 길을 알 수 있었다. 책 속에서 인생의 롤 모델을 찾았다. 책을 읽으면서 인생 계획을 했다. 강렬한 믿음을 가지고 부자처럼 행동했다. 꿈의 노트에 이루고 싶은 것을 기록했다. 1년, 5년, 10년 그리고 평생계획을 기록했다. 꿈의 노트를 매일 한 번씩 읽어 보았다.

부자를 찾아 갔고, 부자를 카피했다. 부자의 생각이나 행동을 익히고 필자만의 색깔로 만들어 갔다. 부자가 될 수 있는 영역에서 일을 했다. 신분변화가 가능한 영역에서 일을 했다. 빅뱅이 일어날 수 있는 영역에서 일을 했다. 돈보다는 꿈을 쫓아 살아갔다. 안정된 곳에 머무르지 않고 다음을 위해 과감하게 도전했다. 그래서 여러 번 거지가 되었

당신도 35세 10억
회사의 주인이 될 수 있다.

다. 수년 동안 부딪히고 깨졌지만, 지금은 35세 나이에 10억대 회사의 주인이 되었다.

35세 10억 회사 주인 되기를 목표로 하라. 5년 내에 회사 주인이 될 수 있는 영역에서 일해 보라. 부자가 탄생하는 큰물에서 일해 보라. 직장에서 독립을 꿈꾸어 보라. 롤 모델을 직접 찾아가 보라. 자신의 롤 모델을 완벽하게 카피해 보라. 따뜻한 온실에 머물러 있지 말고 치열한 야생으로 나와 보라. 온실은 결코 안전한 곳이 아니다. 젊을 때 빨리 거지가 되어보라. 빠른 시간에 부자가 될 수 있는 방법을 알게 될 것이다. 부자가 되는 과정을 즐겨야 한다. 그 시간이 즐거워야 한다.

이 책은 이론서가 아니다. 전문 경영자가 쓴 책도 아니다. 평균이하의 스펙을 가진 사람이 빠른 시간에 부자가 될 수 있었던 비결이 담겨 있다. 무에서 35세에 10억대 회사의 주인이 된 실제 부자가 들려주는 실전 교과서 이다. 어려운 것이 아니다. 특별한 것이 아니다. 누구나 따라하면 부자가 될 수 있다. 당신도 10억대 회사의 주인이 될 수 있다.

돈 버는게 제일 쉽다

박 석 진 지음

목차

contents

당신은
왜 아직도
부자가 아닐까?

chapter
01

진정으로 부를
갈망 하는가?

"무릇 사람들은 자기보다 열 배 부자에 대해서는 헐뜯고,

백배가 되면 두려워하고,

천 배가 되면 그 사람의 일을 해주고,

만 배가 되면 그의 노예가 된다.

이것이 사물의 이치다."

―사마천, 〈사기〉〈화식열전〉중에서.

"돈이 전부가 아니다 라고 생각하는 사람에게는 죽을 때까지 돈이 안 쌓인다."

유태인의 속담이다. 유태인의 생각을 들어보면, 왜 그들이 돈과 힘을 쥐고 세상을 지배하는지가 분명해진다. 세계 어느 민족도 유태인만큼 돈을 사랑하지 않는다. 돈에 대해 가장 솔직하고 명쾌한 답을 가지고 있다. 유태인이 돈을 사랑하니, 돈도 그들을 사랑하게 되었다.

어느 유태인 부자가 죽을 때 가족들 앞에서 유언을 했다.

"내 모든 자산을 현금으로 바꿔라. 내가 죽으면 그 돈을 관속에 넣

어라. 죽을 때 내 돈을 다 가져가겠다."

가족들은 그의 유언대로 했다. 현금을 모두 관속에 넣었다. 그때 그의 친한 친구가 달려왔다. 친구는 주머니에서 수표책을 꺼냈다. 수표에 금액을 적어 서명을 하고 관속에 있는 현금과 바꾸었다. 그리고 죽은 친구의 어깨를 치며 말했다.

"현금과 똑같은 액수의 수표이니 자네도 만족 할 걸세."

유태인의 돈에 대한 집념을 잘 표현하고 있다.

유태인 가치관의 기준은 돈이다. 유태인에게 가난한 학자는 훌륭한 사람이 아니다. 존경받지도 못한다.

유태인은 이런 말을 한다.

"가난은 시 속에서는 아름답지만 집 속에서는 미움을 산다." 라고.

돈을 많이 갖고 돈을 마음대로 쓸 수 있는 사람을 지혜로운 사람으로 여긴다. 유태인은 자녀를 일찍 돈에 눈 뜨게 한다. 유태인 부자들은 자녀에게 유산을 거저 주지 않는다. 돈에 대한 건전한 철학을 먼저 넘겨준다.

유태인들은 13살이 되면 성년식을 한다. 부모와 친척들은 성년이 되는 아이를 위해 축하 금을 준다. 우리나라 돈 3,000만 원 정도의 축하 금으로 주식투자를 하게 한다. 금리에 대한 공부, 경제신문, 경제뉴스를 보면서 살아있는 경제공부를 하게 한다.

성년식이 끝난 아이에게 또 하나의 선물을 준다. 세계를 다녀 보면서 경험 해 보라고 여행 티켓을 준다. 하지만 왕복티켓이 아닌 편도 티

켓이다. 성년식을 마치고 전 세계로 여행을 간다. 그곳에서 살아 돌아와야 한다. 돈을 벌어야 한다. 돈 버는 방법을 스스로 찾아야 한다.

유태인들은 2,000년 가까이 떠돌이 생활을 했다. 나라가 없는 고통 속에서 살았다. 하지만 돈에 대한 긍정적인 교육을 통해서 가장 잘 사는 민족이 되었다. 한국의 입시교육으로는 일어날 수 없는 일이다. 실제 돈을 버는 경제교육을 해야 한다.

우리는 자라오면서 부자에 대한 온갖 부정적인 교육을 받아왔다.
'만 악의 근원은 돈에서 시작된다.'
'악한 민족일수록 부를 갈망한다.'
'탐욕에 빠져 부를 갈망하지 말지어다.'

우리의 환경은 진정으로 부를 갈망하기가 어렵다. 부자가 되려면 양심을 버려야 한다고 생각한다. 부자와 양심 중에 하나를 선택해야 한다고 생각한다. 부자는 양심을 버린 사람으로 생각하고 헐뜯는다. 부자에 대한 잘못된 인식 때문이다. 돈의 위력은 대단하다. 세상은 돈에 의해 지배되는 것이 현실이다. 당신이 진정 부자가 되고 싶다면 돈에 대한 부정적인 환경들로부터 완벽하게 독립이 되어야 한다.

탈무드에 보면 "돈은 악이 아니며, 저주도 아니다. 돈은 사람을 축복하는 것이다." 라고 적혀있다. 전 세계에서 가장 거대한 부를 가지고 있는 유태인은 돈을 경멸하지 않는다. 돈을 무시하거나 가볍게 여기지 않는다. 수입의 10분의 1을 기부하는 것이 생활화 되어있다. 유태인이 거대한 부를 축적 할 수 있었던 이유는 돈에 대한 건전한 철학 때문이다. 돈은 나쁜 것이 아니다. 그 돈을 소유한 사람의 욕심이 나쁜 것이다. 좋은 곳에 쓸 수 있다면 돈은 좋은 것이다. 무엇보다 돈은 우리 생활에 꼭 필요한 것이다. 돈에 대한 생각의 전환만이 부자로 갈 수 있는 첫 걸음이다.

당신은 진정으로 부를 갈망하는가? 진정으로 부를 갈망하는 사람은 다르다. 돈에 대한 부정적인 생각을 하지 않는다. 부자를 힐뜯지 않는다. 책을 읽고 부자를 카피한다. 돈에 대한 건전한 철학을 배운다. 돈에 대한 부정적인 생각을 버리고 부를 진정으로 갈망한다면 당신도 부자가 될 수 있다.

진정으로 부를 갈망 하는 자.

부자가 되고 싶으면 부자의 길을 걸어야 한다. 부자가 하는 생각을
해야 한다. 부자의 특징을 카피해야 한다. 우리는 타고난 부자가 아니
다. 자수성가한 부자를 닮아야 한다. 흙 수저를 물고 태어나 금 수저를
물게 된 사람을 닮아야 한다.

진정으로 부를 갈망한 사람은 큰 꿈을 가지고 있다. 진정으로 부자
를 갈망한 사람은 좋은 학교에 가서 좋은 직장에 들어가는 꿈을 꾸지
않는다. 학교는 큰 꿈을 이루기 위한 도구로 사용한다. 직장은 큰 꿈을
이루기 위한 발판으로 사용한다. 명문학교와 대기업이 인생 최대의 꿈
이 아니다. 그 이상의 원대한 꿈을 가지고 있다. 본인 스스로가 큰 꿈
을 가지고 자신이 살아가고 싶은 인생을 마음껏 상상해야 한다. 그 상
상대로 행동해 가야 한다.

진정으로 부를 갈망한 사람은 확실한 목표를 가지고 있다. 적당한
목표가 아니다. 정확한 수치와 기간이 정해져 있다. 구체적인 수치와
기간을 가지고 있다면 목표의 절반은 이룬 것이다. 두리 뭉실한 목표

는 의미가 없다. 자신이 없기 때문에 목표가 두리 뭉실한 것이다.

정확한 수치를 가지고 목표를 설정해야 한다. 기간이 도달 했을 때 스스로 평가해야 한다. 그러면 목표를 이루기 위해 더 열심히 노력하게 된다. 목표를 이루기 위해 필요한 모든 것을 리스트로 만들어 보라. 글로 적어 보라. 매일 읽어 보라. 목표를 항상 상기시켜야 한다. 사람은 망각하는 동물이다. 잊어버린다. 보고 또 보면 뇌에 각인이 된다. 세뇌가 된다. 세뇌를 잘 이용해야 한다. 당신은 큰 사람이라는 것을 명심하고 세뇌 당해야 한다. 목표도 세뇌가 된다. 반복해서 보면 믿어지게 된다. 이것이 비밀이다. 반복학습, 세뇌학습의 혁명이다. 당신이 그동안 노예의 학습, 가난의 학습으로 세뇌 당했다면 이제는 바꾸어야 한다.

진정으로 부를 갈망한 사람은 스스로 CEO가 된다. 직장에 몸담고 있더라도 마음은 CEO가 되어야 한다. 회사를 위해서 일 하는 것이 아니다. 나의 발전을 위해서 일하는 것이다. 받은 만큼만 일하고자 하는 것은 직장인 마인드이다. CEO 마인드는 편의점 아르바이트를 하더라도 주인의 마음으로 일한다. 그 보상을 사장이 해 주는 것이 아니다. 주변 환경이 보상해 준다. 회사 사장에게 대가를 바라지 마라. 당신이 심은 만큼 우주가 나서서 보상해 준다. CEO 마인드가 되면 어디 가도 존중 받게 된다. CEO는 눈빛부터가 다르다. 생각하는 방식이 다르다. 수동적이지 않다. 책임감이 있다. 이런 마음으로 일을 하는데 왜 인정받지 못 하겠는가?

필자가 지인의 요청으로 잠시 스크린골프장 아르바이트를 할 때였다. 시급 5,000원 짜리 아르바이트생이었다. CEO마음으로 일했다. 매장 보증금과 한 달 월세를 계산했다. 매출을 계산했고 손익을 계산했다. 각 방마다 최소 몇 바퀴 회전이 되어야 손익점이 나오는지 계산했다. 최소한의 수익을 거두기 위해서는 필자가 어떤 서비스 정신으로 일해야 하는지 생각했다. 필자가 마치 스크린 골프장의 CEO인 것처럼 행동했다. 필자를 골프장의 주인으로 알고 있는 고객도 많았다. CEO의 마음으로 일을 하니 CEO 대접을 받았다. 사장도 필자를 직원으로 생각하지 않았다. 맡겨놓고 본인의 일을 보았다. 필자를 놓치지 않기 위해 복지와 급여에 신경을 썼다. 필자는 사장에게 무언가를 바라지 않았다. '나라면 이 매장을 어떻게 경영 하겠는가?'를 생각했다. 시급 받는 아르바이트를 할지라도 마음은 CEO가 되어야 한다.

진정으로 부를 갈망한 사람은 최고를 추구한다. 경쟁이 아니다. 경쟁을 추구하지 않는다. 경쟁을 싫어한다. 대체 불가능한 최고를 추구한다. 본인이 아니면 안 되는 존재가 되기 위해 노력한다. 어느 분야이든 상위 10% 안에 들어가면 보통 이상의 수익을 얻을 수 있다. 하지만 어디까지나 보통 이상의 수익일 뿐이다. 보통 이상을 원하는 것이 아니라 큰 수익을 추구하는 것이다. 상위 10% 뿐 아니라 대체 불가능한 존재가 되는 것이다. 경쟁력을 갖는 것이다. 대체 불가능한 존재가 되면 시간이 흐를수록 몸값은 올라간다.

진정으로 부를 갈망한 사람은 배움을 쉬지 않는다. 더 이상 배우지 않아도 충분히 부자가 된 지인이 있다. 멈추지 않고 배운다. 아저씨인데도 불구하고 아줌마들만 있는 노래 교실을 다닌다. 노래가 직업인 사람이 아니다. 부동산 투자로 이미 큰 부를 이룬 사람이다. 레크레이션도 배운다. 자신 스스로 재밌게 살기 위해서다. 자신이 모르는 새로운 것을 배운다. 아마도 평생 배울 것이다. 새로운 것을 배우고 그것을 사업에 연결시키기 위해 노력한다. 창의력이 늘어난다. 아이디어가 샘솟는다. 최고의 자리에 올랐음에도 배움을 멈추지 않는다. 필자도 어울리지 않는 어려 분야에서 일을 했다. 작곡을 했고, 주식정보회사에서 일했다. 부동산 컨설팅과 유통업, 그리고 건설업에서 일을 했다. 아무 관련 없는 일로 보이지만 서로 시너지 효과를 내고 있다. 각 분야마다 서로 도움이 된다. 보는 눈이 다르다. 창의력이 다르고 아이디어가 다르다. 감각이 다를 수밖에 없다. 일의 귀천이 있는 것이 아니다. 아이디어와 창의력이 중요하다. 모든 상황을 돈으로 바꿀 수 있는 것이 능력이다.

진정으로 부를 갈망한 사람은 행동한다. 책을 읽는 사람은 많다. 자기계발서도 많다. 동기부여를 받은 사람들도 많다. 하지만 성공한 사람은 많지 않다. 차이가 무엇일까? 행동의 차이이다. 성공한 사람들은 책을 읽고 감동을 받았다면 행동을 했을 것이다. 성공을 못 한 사람은 감동받고 이삼일 후에 잊어 버렸을 것이다. '언젠가는 나도 그렇게 해보아야겠다.' 라고 생각만 한다. 생각만 할 뿐 행동에 옮기지는 않는다. 그것을 계속 반복한다. 자기계발서가 검증 되지 않는 것이 아니다. 자기계발서를 읽고 성공한 사례는 수도 없이 많다. 필자도 그중에 한 명이다. 책을 읽고 '나도 큰 부자가 되어야겠다.' 라고 다짐했다. 지금 그 길을 가고 있다. 책에서 말하는 것을 행동으로 옮겼다. 책을 읽고 행동으로 옮겼을 때 인생은 달라졌다. 시간이 흘러 10억대의 부를 이루었다. 책을 통해 시작 되었다. 진정으로 부를 갈망하고 행동으로 옮겼다. 읽고 끝나지 않았다. 진정으로 부를 갈망했기 때문이다.

진정으로 부를 갈망하는 사람은 다르다. 당신이 진정으로 부자가 되기를 원한다면 행동할 것이다. 이 책을 읽고 이삼일 후에 잊어버리는 것이 아니라 당장 행동할 것이다. 인생 설계를 할 것이다. 이 책에서 어떻게 부자가 되는지를 이해하고 행동할 것이다. 그대로 실천할 것이고 카피 할 것이다. 부자는 불가능 한 것이 아니다. 부자를 선택하지 않는 습관이 문제다. 오늘부터 부자가 되는 상상을 하고 행동을 해야 한다. 당신도 반드시 큰 부자가 될 수 있다.

PART 02

당신은 꿈의 노트를
소유하고 있는가?

"기록은 행동을 지배한다.

글을 쓰는 것은 시신경과 운동 근육까지

동원되는 일이기에 뇌리에 더 강하게 각인된다.

결국 우리 삶을 움직이는 것은 우리의 손이다.

목표를 적어 책상 앞에 붙여두고 늘 큰 소리로 읽는 것,

그것이 바로 삶을 디자인하는 노하우이다."

-호아킴 데 포사다.

진정으로 부자가 되기를 원한다면 꿈의 노트를 마련해 보라. 강력한 무기다. 다른 노력보다도 꿈의 노트를 마련하고 꿈을 적는 것이 가장 급하다. 부자가 되는 공식이다. 한번 실천해 보라. 일 년 후 에는 많은 변화를 경험하게 될 것이다. 5년, 10년 후에는 꿈의 노트가 어떤 위력을 가졌는지 실감하게 될 것이다.

꿈은 많이 적으면 좋다. 꿈의 노트에는 실현 가능한 목표를 적는 것도 좋지만, 본인의 능력 이상의 것을 적는 것이 더 좋다. 스스로 달성

할 수 있는 목표는 적지 않고 하면 된다. 적을 필요가 없다. 스스로 하면 되기 때문이다. 꿈의 노트는 생각보다 큰 능력을 가지고 있다. 지금 상황에서 절대 실현 불가능 할 것 같지만 당신이 꼭 이루고 싶은 일이 있을 것이다. 그런 것을 기록하는 것이다. 시간이 흐르면서 꿈의 노트가 어떻게 일하는지 경험해 보아야 한다.

꿈의 노트는 소심하지 않다. 이기적이지 않다. 자신의 유익만을 위한 것에는 일하지 않는다. 꿈의 노트는 이론이 아니다. 실제다. 노트에 기록을 했지만 우주가 일하는 것이다. 소인배를 위해 일하는 것이 아니다. 자신과 가족의 꿈을 적어야 한다. 이웃을 위한 꿈을 적어야 한다. 나아가 국가와 인류를 위한 꿈을 적어야 한다. 그만큼 당신의 그릇은 커질 것이다. 그것을 매일 꾸준히 작성하면 좋다. 일기를 쓰는 것도 하나의 방법이다.

꿈의 노트에 강력한 문구를 기록하고 하루에 한번 정도는 읽어야 한다. 그리고 생생하게 꿈꾸어야 한다. 믿어야 한다. 처음에는 믿기지 않을 수 있다. 당신이 "35세에 10억대 부자가 될 것이다." 라고 꿈의 노트에 기록을 했다고 가정해 보자. 믿어지는가? 당연히 안 믿어질 것이다. 반복해서 읽어 보라. 소리 내서 읽어보라. 대부분 하루 이틀 하고 끝낼 것이다. 닭살 돋기 때문이다. 스스로 부끄러울 것이다. 필자도 그랬다. 없어 보이고 민망했다. 초라해 보였다. 노트에는 "100억 이루어진다." 라고 적어놓고 입술로 소리 내서 읽는데 현실은 그렇지 않다. 반복이 중요하다. 한 달도 좋고 1년도 좋다. 매일 소리 내서 읽는 것이다. 반복해서 읽는 것이다. 시간이 지나면서 삶에 변화가 오기 시작한다. 우주가 일하기 시작한다. 당신의 의식 속에서 꿈의 노트에 기록된 내용을 믿기 시작한 것이다. 세뇌당하는 것이다. 말도 안 되는 꿈이 이미 이루어 진 것처럼 느끼게 된다. 그런 감정이 든다면 꿈에 가까이 다가선 것이다. 당신이 생각하는 것보다 훨씬 빠르게 그 꿈이 이루어 질 것이다. 현실은 멀리 돌아가는 것 같아 보일 수 있다. 걱정할 필요가 없다. 우주는 당신보다 훨씬 똑똑하다. 능력이 당신과 비교가 안 된다. 당신의 생각에 우주를 맞추려 하지 마라.

성공한 사람의 이야기를 들어보라. 꿈의 노트를 가지고 있는 사람이 많다. 꿈의 노트를 항상 소유하고 있다. 꿈의 노트에 기록된 내용들을 말하면서 다닌다. 습관적으로 꿈을 중얼거린다. 그리고 그 꿈을 이루어 낸다. 이미 검증된 내용이다. 글로 적고 입으로 말하는 것의 힘은 검증 되었다. 이런 확실한 방법이 있는데 왜 실천하지 않는가? 그것은 성공하고 싶지도 않고 부자가 되고 싶지도 않기 때문이다.

필자는 꿈의 노트에 기록 된 내용을 대부분 외웠다. 매일 읽다보니 외워졌다. 시험보기 위해 암기한 것이 아니다. 무한 반복하다보니 외워졌다. 20대 초반부터 꿈의 노트를 기록했다. 십 수 년이 흘렀다. 그때 당시 적어 놓았던 꿈보다 더 크게 이루어 졌다. 지금은 꿈이 이루어진 것이 당연하다고 생각한다. 이미 10년 전에 이루어진 것처럼 느끼고 행동했기 때문이다. 심지어 회사 이름도 그때 당시에 적어 놓았던 이름과 똑같다. 감동이 될 수밖에 없다. 목표하는 금액도 마찬가지다.

35세 10억을 목표로 했다. 일억 이억 쌓여서 10억 된 것이 아니다. 꿈은 크고 갈 길은 먼데 눈에 보이는 것은 아무것도 없었다. 35세 10억이 되려면 30대 초반에는 적어도 5억은 되어 있어야 하지 않겠는가? 5억은 무슨? 빚만 없어도 참 좋겠다는 생각이었다. 초조할 수밖에 없었다. 가능할까 라는 생각도 들었다. 기적 같은 일이 일어났다. 회사를 독립하게 되었다. 짧은 시간에 10억대 자산을 보유한 회사의 주인이 된 것이다. 이것은 내 힘으로 한 것이 아니다. 내 능력으로 한 것이 아니다. 내 생각과는 다르게 세상이 흘러갔지만 35세 10억을 이루는 가장 빠른 길로 왔다. 꿈의 노트에 기록을 했고 매일 읽었고 믿었다. 그것이 내가 할 수 있는 전부였다.

필자의 꿈의 노트에는 39세 100억이 적혀있다. 시간이 얼마 남지 않았다. 아직도 100억은 멀게 느껴진다. 확신의 강도가 약하다. 20대 중반의 느낌과 똑같다. 그 때 당시에 35세 10억은 불가능한 것이었다. 하지만 이루어 졌다. 39세 100억도 가능할 것이다. 매일같이 꿈의 노트를 보고 읽고 말할 것이기 때문이다. 그것이 내가 할 일이다. 반복해서 읽고 말하는 것이다. 시간이 지날수록 믿어 질 것이고 확신이 생길 것이다. 그것이 중요하다. 나머지는 우주가 알아서 할 일이다. 우주가 나서서 일 할 것이다. 39세 100억 보다 더 큰 것들이 적혀 있다. 책에 기록하기에는 민망할 정도로 큰 꿈들이다. 지금도 반복해서 읽고 있다. 그것이 내가 이 땅에 태어난 이유라고 확신하기 때문이다. 이런 확신 또한 꿈의 노트에 기록하고 반복해서 읽었기 때문에 가능하다.

꿈의 노트를 가지고 있다는 것은 당신의 인생 좌표를 가지고 있다는 것이다. 보물섬의 지도를 가지고 있다는 것이다. 당신의 보물섬은 어디인가? 그 보물섬으로 가는 길을 그려보라. 그리고 매일같이 읽어보라. 입술로 고백해 보라. 민망하고 닭살 돋겠지만 시간이 지나면 실제로 믿게 될 것이다. 그 믿음 데로 우주는 일하게 된다.

꿈의 노트를 소유한 자.

　꿈의 노트를 소유한 한 사람이 있다. 그녀는 자신이 하고 싶은 것들을 큰 꿈부터 작은 꿈까지 기록을 했다. 꿈이 이루어지면 하나씩 지워가곤 했다. 그녀는 꿈의 노트에 "listen' 과 "I`m not going" 노래 마스터하기를 적어 놓았다. 그런데 '드림걸즈' 라는 유명한 뮤지컬이 한국에 올려 진다는 소식을 듣게 되었다. 그녀는 끌림을 받고 오디션에 참가했다. 작곡가인 헨리 크리커가 그녀를 마음에 들어 했다. 꿈에 그리던 '드림걸즈'의 '에피'란 역에 최종 결정된 것이다. 그녀의 이름은 뮤지컬 배우 홍지민이다. 그녀는 꿈의 노트를 해 년 마다 기록하며 실천해 갔다. 누구나 할 수 있는 일이라고 생각하지만 하지 않는다.

　꿈의 노트를 소유하고 있는 사람은 몇 명이나 있을까? 그 사람의 5년, 10년 후의 모습이 궁금하지 않은가? 연초가 되면 1년 계획을 세운다. 일 년을 어떻게 살아야 할지 계획을 하는 것이다. 혹시 인생의 평생계획을 해 본 경험이 있는가? 있다면 그 자료를 보관하고 있는가? 매일은 아니더라도 일주일에 한번 정도는 읽어 보는가? 부자가 된 사람은 매일같이 꿈의 노트를 보았다. 소중한 애인처럼 가장 가까운 곳에 두었다. 꿈의 노트가 자신이 나아가야할 방향을 알려 주기 때문이다.

청소년시절에는 꿈이 많다. 열정도 강하다. 읽는 책마다 동기부여가 되고 감동이 된다. 책 속의 인물처럼 살아야겠다고 다짐도 한다. 하지만 시간이 지나면 그 감동도 사라지고 무슨 다짐을 했는지도 모른다. 필자는 그때의 감동이 아까워서 꿈의 노트에 기록하기 시작했다. 감동이 되고 동기부여가 되는 문구들을 기록했다. 문구들이 쌓이면서 훌륭한 꿈의 노트가 되었다. 하루를 시작 할 때 꿈의 노트를 읽는다. 읽는 시간은 짧지만 메시지는 강력하다. 하루를 살아가는 원동력이 된다.

꿈의 노트에 무엇을 기록하면 좋을까? 사람마다 다르다. 답이 있는 것은 아니다. 중요한 것은 본인에게 동기부여가 되어야 한다는 것이다.

먼저는 책을 읽으면서 감동이 되는 글을 적는다. 우리는 한 달에 한두 권이라도 책을 읽는다. 책을 읽다보면 감동이 되는 글이 있다. 가슴을 뛰게 해주는 글이 있다. 그 글을 꿈의 노트에 옮겨 적는 것이다. 꿈에 노트에는 감동이 되는 글만 쌓이게 된다. 시간이 흐르면 꿈의 노트만 보아도 큰 감동이 된다. 동기부여가 된다. 하루를 살아가는 원동력이 된다. 어려운 순간에 위로를 얻게 된다. 새 힘을 얻게 된다.

둘째는 인생 계획을 적는다. 한 달, 1년 계획을 적는다. 5년, 10년과 평생계획을 적는다. 그리고 매일같이 그 계획을 보고 생각한다. 자신도 의식하지 못하는 사이에 세상의 흐름은 그 계획대로 흘러가게 될 것이다.

셋째는 자신이 닮고 싶은 인물을 적는다. 부부나 연인이 오랜 시간을 함께 지내다 보면 행동이나 말투, 표정까지 닮아간다고 한다. 닮고 싶은 인물을 생각하고 따라하면 그 사람처럼 되어 간다. 닮고 싶은 인물의 장단점이 있다. 좋은 점만 닮아 가면 된다. 닮고 싶은 인물의 배우고 싶은 부분을 적는다. 그리고 그 사람처럼 행동해 보는 것이다.

넷째는 가지고 싶은 것을 적는다. 차 도 좋고 집도 좋다. 뭐든지 적는다. 실현 가능할까 불가능 할까 생각할 필요가 없다. 적고 상상해서 행복했다면 이미 이득이다. 필자는 꿈의 노트에 개인 전용기와 활주로가 있는 집도 적어 놓았다. 앞으로 어떻게 이루어 질 지 생각하지 않는다. 적고 상상해서 행복했으니 이득을 본 것이다. 그리고 비현실적인 예쁜 여인의 사진을 붙여 놓았다. 지금은 객관적으로 예쁜 아내를 얻어 행복하게 사는 중이다. 과학적으로 설명이 불가능한 부분이다.

이 모든 것을 기록 할 때는 정확한 날짜를 적어야 한다. 먼 훗날 어느 때가 아닌, 정확한 날짜를 적어야 한다. 그만큼 꿈이 이루어질 가능성은 높아진다.

부자가 된 사람은 꿈의 노트를 소유했다. 꿈의 노트를 통해 인생의 방향을 설계했다. 당신도 한번 실천해 보라. 꿈의 노트에 적고 말해보라. 기적을 체험하게 될 것이다. 내가 학자라면 이 부분을 연구해 보고 싶다. 필자는 학자가 아니다. 시중에 이미 연구 자료가 많이 있다. 책도 많이 나와 있다. "카네기의 꿈의 노트", "성공한 사람들의 메모습관&노트기술" 등 수많은 책이 말을 해 주고 있다.

자신의 노력과 힘만으로 일을 한다면 딱 그 만큼만 이룰 수 있다. 꿈의 노트는 과학으로 설명이 안 된다. 하지만 이미 검증 되어 있다. 당신도 검증된 방법을 사용해 보라. 시간이 흐른 뒤에는 당신도 이해할수 없는 기적을 체험하게 될 것이다.

PART_03

강렬한 믿음을
가지고 있는가?

"당신이 성공할 것이라는 것을 믿어라. 그러면 당신은 성공할 것이다."

-데일 카네기

성경말씀에 "믿음은 바라는 것들의 실상이요 보지 못하는 것들의 증거니라" 라는 말씀이 있다. 진정으로 바라는 것들이 이루어 졌다고 믿는 것, 보이지 않는 것들이 마치 보이는 것처럼 믿는 것, 이것이 믿음의 법칙이고 우주의 법칙이다. 강렬한 믿음이 있다면 불가능은 없다. 강렬한 믿음이 있다면 당신의 능력보다 더 큰 결과를 얻을 수 있다. 논리적인 사람은 공감을 하지 않을 것이다. 논리적인 사람은 똑똑하다. 그 사람의 노력만큼 결과를 얻을 수 있다. 훌륭하다. 비논리적인 사람은 자신의 한계를 잘 안다. 자신이 아무리 열심히 한다 해도 어떤 결과를 낼 수 있을 지 잘 안다. 그런 사람은 자신의 능력 이상의 힘을 필요로 한다. 그래서 신을 찾는다.

종교를 가지고 있는 것이 부자가 되는데 도움이 된다. 세상 살아가다 보면 돌발 상황이 발생한다. 그때 마다 혼자의 힘으로 일어나는 것은 힘이 든다. 하지만 신앙이 있는 사람은 지금이 어떤 상황이든 상관하지 않는다. 아무리 힘들고 어렵더라도 결국에는 뜻하는 결과를 얻게 해 줄 것이라고 믿기 때문이다.

이 거대한 믿음의 법칙을 싸구려 취급하지 마라. 나 하나 잘 먹고 잘 살기 위한 도구로 사용하는 것이 아니다. 옹졸한 마음에 믿음은 일하지 않는다. 상대를 위하고 공동체를 위하고 나라를 위하는 마음이라면 우주는 그 사람을 위해 열심히 일 할 것이다. 믿음은 신비한 것이다. 믿음 데로 되는 것이다. 생각하는 데로 되는 것이다. 데일 카네기의 말처럼 성공할 것이라고 믿으면 성공한다. 부자가 될 것이라고 믿으면 부자가 된다. 믿는 사람은 그대로 된다. 믿지 않는 사람에게는 데일카네기의 말이 그저 아무 의미 없는 말이 되어 버린다.

필자는 부자가 될 것을 믿었다. 입술로는 "백억, 백억, 백억 대 부자가 될 수 있다." 라고 하면서 중얼거렸다. 호주머니에는 백억이 아닌 백 원짜리 동전이 짤랑거렸다. 매우 초라했다. 다행인 것은 주변 사람들이 필자의 꿈을 몰랐다.

"39세 100억대 부자가 될 것이다." 라는 강렬한 믿음을 가지고 살았다. 10년이 넘도록 그런 믿음을 가지고 살아갔다. 왜 이루어지지 않을까를 고민하지 않았다. 이해 할 수 없지만 그 믿음 데로 인생이 흘러갔다. 그 믿음에 맞게 우주가 일을 했다. 지금은 35세 10억대의 회사의 주인이 되었다. 39세에 100억을 바라볼 수 있는 발판을 마련하게 된 것이다. 천만 원 이천만원 모아서 이루어진 것이 아니다. 여러 번

망하고 누구나 흔하게 있는 죽을 고비도 몇 번씩 넘겼다. 필자에게 강렬한 믿음이 없었다면 이런 시간들은 그저 고통의 시간이었을 것이다. 하지만 필자에게는 믿음이 있었다. 결국에는 꿈이 이루어 질 것이라는 믿음, 고난의 시간 뒤에는 큰 그릇이 될 것이라는 믿음, 큰 그릇이 되었을 때 부가 올 것이라는 믿음, 온 우주가 움직여서 필자를 부자로 만드는 과정이라는 믿음을 가지고 있었다.

믿음을 가지고 살아가는 것은 치열한 것이 아니다. 사생결단을 해야 하는 것이 아니다. 매우 가볍다. 단지 마음에 믿고 생각하는 것이다. 상상하는 것이다. 학교 수업시간에 공상 많이 하지 않는가? 멍 때리는 것은 좋은 습관이다. '나의 미래는 어떤 모습일까?' 드라마의 재벌 2세처럼 살아가는 모습도 상상해보라. 상상만 하는 것을 넘어 그것을 믿어 버려라. 그러면 우주가 일하기 시작한다. 고난도 올 것이고 여러 번 망하기도 할 것이고 자칫 생사도 왔다 갔다 할 것이다. 당신이 상상하는 모습으로 가기 위한 과정이고 길인 것이다. 즐기는 자가 이기는 것이다. 평범한 꿈을 꾸는 사람은 일반적인 고난이 온다. 원대한 꿈을 꾸는 사람은 특별한 고난이 온다. 특별한 고난이 온다는 것은 당신에게 원대한 꿈이 있다는 것이다. 그것을 두려워 할 필요는 없다. 그 또한 인생의 경험이다.

연간 억대 매출을 올리고 있는 한 사람이 있다. 억대 연봉의 신화를 이루기 전까지 그는 숱한 어려움을 겪어야 했다. 중학생 시절부터 세차장에서 일을 하고 노점상과 과일장사 등 안 해본 일이 없을 정도로 힘든 삶을 살았다. 어른이 되어서는 '급성 위암' 이라는 진단까지 받아야 했다. 겉보기에는 보통 사람보다 훨씬 불행한 삶을 살았다. 하지만 그에게는 믿음이 있었다. '하나님의 특별한 계획이 있을 거야' '하나님이 나를 붙들어 주실 거야'

그의 믿음처럼 그는 건강하게 치료받았다. 연간 억대 매출을 올리고 있는 석봉토스트의 김 석봉 대표의 이야기다. 김 대표는 아침마다 거울을 보고 '너는 할 수 있어' '너라면 꼭 해내고야 말거야' 라는 믿음의 고백으로 하루를 시작한다. 그는 또 새 삶을 찾는 이들에게 힘이 되고 싶어 체인점의 가입비와 보증금 없이 석봉토스트 체인점을 내주기도 한다. 이렇듯 자신만이 아닌 주변을 볼 줄 아는 큰 그릇이기에 우주가 나서서 김 대표를 도왔다.

김 대표 뿐만 아니라, 믿음으로 큰 성공을 이룬 사람이 우리 주변에는 많이 있다. 그 사람만 특별한 것이 아니다. 그 사람만 가능한 것이 아니다. 믿음이 있는 사람은 누구나 가능한 것이다. 강렬한 믿음을 가졌을 때 위대한 부가 따라 오는 것이다.

강렬한 신념을 가지고 있다면 못 할 것이 없다. 강한 신념은 기적을 낳는다. 무슨 일이든 '해보자' 하고 행동하면 된다. 머물러 있으면 어떤 일도 이루어 지지 않는다.

마음에도 힘이 있다. 의지가 약한 사람이 있고 강한 사람이 있다. 마음의 힘이 커지는 만큼 부자가 될 수 있다. 세상 모든 것을 바꾸는 것은 인간의 생각에서 시작된다. 생각에 따라 인생이 달라진다. 하면 된다는 마음으로 행동하면 못할 것이 없다. 순간의 실패는 있을 수 있다. 실패를 두려워 할 필요는 없다. 목표를 이루기 위한 과정이다. 당신의 그릇을 만들기 위한 과정이다. 실패가 두려워 아무것도 하지 않는다면 당신의 모습은 지금과 다를 바 없을 것이다. 시간이 지날수록 지금보다 더 못할 수도 있다.

대부분의 사람들은 마음의 힘을 무시한다. 있는지 조차 모른다. 존재를 모르니 사용하기는 더 어렵다. 그래서 성공한 사람이 많지 않다. 이 거대한 힘을 사용 할 수만 있다면 우리는 엄청난 일도 이룰 수 있다. 마음의 힘은 우리의 소망을 다 이루어 준다.

마음의 힘에 대한 음모론도 있다. '마음의 힘' 비밀을 깨달은 성공한 사람들이 이것을 감추어 두었다고 한다. 아무나 사용한다면 다 부자가 될 것이기 때문이다. 자신들만 이 힘을 사용하기로 한 것이다. 세월이 흘러 이 비밀이 노출된 것이다. 이제는 취하는 자가 주인이다. 이 비밀을 알고도 사용하지 않는다면 무슨 의미가 있겠는가? 마음의 힘만 사용할 수 있다면 누구나 부자가 될 수 있다. 당신도 마음의 힘을 사용할 수 있다. 당신이 원하는 바가 무엇인가? 진정으로 당신의 꿈을 마음속에 간직하고 있는 사람은 그것을 이룰 수 있다. 아무리 큰 꿈이라도 마음의 힘만 있다면 가능하다.

교회에 가면 기도라는 것을 한다. 기도라는 것은 마음의 소원을 신에게 구하는 것이다. 나 자신만을 위한 이기적인 것이 아니다. 그런 사람을 누가 도와주겠는가? 그 사람의 그릇만큼 일을 하고 채워 준다. 그릇이 작은데 채워 주고 싶어도 채울 수가 없다. 기도는 자신의 힘으로는 할 수 없는 것을 구하는 것이다. 자신의 꿈을 이루는데 신의 도움을 구하는 것이다. 자신의 능력과 한계를 알기 때문에 신에게 구하는 것이다. 기도를 하면 믿어진다. 반복해서 기도를 하면 믿어진다. 시간이 흘러 마음에 확신이 온다. 이것을 교회에서는 응답이라고 한다. 응답을 받으면 그것이 현실로 나타난다. 스스로 어떤 일을 할 수 있다고 믿으면 그 일이 실제로 이루어진다. 자신의 능력은 작을 지라도 신의 능력을 믿고 신뢰한다면 그대로 된다. 그것이 믿음이다.

믿음은 원하는 바를 이루게 해 준다. 믿음 데로 되는 것이다. 그 믿음은 하루아침에 오는 것이 아니다. 믿는 다는 생각으로 되는 것이 아니다. 마음에 오는 것이다. 스스로 생각하는 것이 아니라 할 수 있겠다는 확신이 마음에 오는 것이다. 그 마음이 왔을 때 현실 세계에 나타난다. 강렬한 믿음을 가지면 몸의 변화가 나타나고 환경의 변화가 나타난다. 신이 일을 하는 것이다. 신이 일하는 것을 우리는 기적이라고 한다. 그런 기적 같은 일을 일으키는 것이 믿음이다. 신념의 힘이다.

부자가 되는 비결은 마음 안에 있다. 지금 당신의 존재는 당신 생각의 산물이다. 당신의 가치를 어떻게 생각하고 있는가? 그 생각대로 당신은 존재한다. '가난하게 태어나서 그렇게 살아가는 존재다.' 라고 생각하면 그대로 되는 것이다. 당신 스스로 '나는 노예다.' 라고 생각하면 그대로 되는 것이다. 자신이 믿고 생각 하는 그것이 당신이다.

한 가지 함정이 있다. 필자는 어떤 일을 할 때 CEO마음으로 일을 한다. 시간이 흐르면 진짜 CEO 인 것처럼 착각을 하게 된다. 믿어버리는 것이다. 다른 사람이 필자를 직원처럼 대하면 당황스러워 진다. '나 CEO 인데.' 다시 정신을 차리고 보면 필자는 직원이었다. 누가 나를 무시한다고 걱정할 필요가 없다. 주변에서는 당신을 끌어내리기 위해 혼신의 힘을 다한다. 당신의 존재를 하찮게 하기 위해 노력한다. 자존감을 낮추기 위해 모든 노력을 다한다. 굴하지 마라. '누가 뭐라 해도 나는 위대한 인물이다.' 라고 말하라. '당신들은 나를 하찮은 잉여인간 취급할지 모르지만 나는 큰 인물이다. 나라를 세울 사람이다.' 마음껏 외쳐라. 반복해서 외쳐라. 매일같이 고백하다 보면 믿어진다. 착각하게 된다. 우리의 마음은 현실과 착각을 구별하지 못한다. 현실은 이루어 진 것이 없더라도 마음속에서 이루어 졌다고 믿으면 그대로 된다. 당신이 스스로 위대한 사람이라고 믿으면 그런 사람이 된다.

마음의 힘을 이용해 상상의 나래를 펼쳐라. 잠재의식이 운동을 하게 된다. 자신이 바라는 모습을 상상하고 믿어라. 마치 이루어 진 것처럼 느껴라.

남자들은 차에 매력을 느낀다. 보통은 어느 정도 성공을 이룬 다음에 꿈꾸는 차를 사야겠다고 생각한다. 반대의 방법도 있다. 꿈꾸는 차를 먼저 사는 것이다. 이미 성공 한 것처럼 느끼고 차를 사는 것이다. 성공 했을 때의 감정이 훨씬 극적으로 다가온다. 그러면 현실은 더 빠르게 성공으로 다가간다. 물론 차를 감당하지 못해서 어려움을 당할 수도 있다. 그에 비해 얻는 것은 더 많다. 이겨나갈 수 있는 지혜를 얻을 것이다. 믿고 행동했기 때문에 당신보다 더 큰 힘이 도울 것이다. 기적을 체험하게 될 것이다.

필자는 꿈의 노트와 함께 꿈의 보드를 가지고 있다. 가지고 싶은 차를 붙여 놓았다. 회사의 조직도를 붙여 놓았다. 가지고 싶은 집과 사옥을 붙여 놓았다. 미래의 배우자를 붙여 놓았고 갖고 싶은 것을 붙여 놓았다. 닮고 싶은 인물의 사진을 붙여 놓았다. 방에 들어가면 꼭 한 번씩 보게 된다. 무의식 속에 각인이 된다. 천천히 볼 때도 있지만 무의식적으로 보는 경우가 많다. 반복적으로 보다보면 믿어지게 된다. 현실과 착각을 구별하지 못한다. 마치 이루어진 것 같은 착각을 한다. 그것이 성공의 요인이다. 지금은 10년 전에 붙여 놓았던 차보다 훨씬 좋은 차를 타고 다닌다. 사진속의 여인 보다 예쁜 여인을 만나 결혼했다. 목표했던 자산도 이루어졌다. 꿈에 그리던 건물도 눈에 보이는 현실로 나타났다.

내 능력으로 하는 것이 아니다. 사람의 능력은 한계가 있다. 믿음이 중요하다. 믿음의 힘을 신뢰하는 것이다. 믿고 바라보고 행동하는 것이다. 마음속에 부자가 된 필자의 모습을 상상하고 믿었다. 그것이 필자가 할 수 있는 일이었다. 다른 사람이 무시하더라도 상관하지 않았다. '내가 나를 어떻게 생각 하느냐' 가 더 중요했다.

마음의 힘을 안 좋은 목적에 사용 하는 사람도 있다. 자신 스스로 파멸의 길로 가는 것이다. 주변 사람까지 힘들게 하는 것이다. 부정적인 것을 반복해서 듣다보면 믿어지게 된다. 주변의 불행한 소식을 계속 접하게 되면 마음이 우울해 진다. 항상 좋은 소식을 듣기 위해 노력하라. 좋은 것은 오래 생각하고 간직해야 한다. 나쁜 소식은 듣고 잊어버려야 한다.

마음의 힘이 당신을 부의 길로 인도 한다. 당신의 존재를 나약하게 만드는 모든 부정적인 환경들로부터 나와야 한다. 부자가 된 당신의 모습을 상상하고 믿어라. 시간이 흐르면 다 이루어져 있을 것이다.

PART 04

책 속에서
길을 찾아보았는가?

"한 권의 책을 읽는 사람은 두 권의 책을 읽는 사람에게 지배를 받는다."

-링컨

생각해 보면 매우 불쾌한 이야기다. 지도자 중에 당신보다 잘 난 사람이 몇 명이나 있는가? 억울하지 않은가? 왜 저 사람이 이 나라의 지도자가 되어서 당신이 이렇게 힘들어야 하는가? 분노가 치밀 수도 있다. 답을 링컨이 말해준다. 당신이 그 사람보다 책을 덜 읽었기 때문이다. 억울함을 당하지 않기 위해서라도 지금 당장 책을 읽어야 한다.

이렇게라도 동기부여를 해야 한다. 읽어도 그만 안 읽어도 그만이 아니다. 온 국민이 나보다 못한 사람에게 나라를 맡길 수 없다는 마음으로 독서를 해야 한다. 그러면 국민의식 수준은 지금보다 훨씬 성장해 있을 것이다. 우리 다음세대에는 지금보다 살기 좋은 나라에서 사람답게 살 수 있을 것이다. 아름다운 자연 환경도 후손들에게 물려주어야 하지만 더 중요한 것은 독서습관을 물려주는 것이다.

링컨 대통령은 미국 역사상 가장 존경받는 대통령이다. 그는 해년마다 자기 키 높이만큼 책을 읽었다. '워싱턴 전기' 책을 읽고 대통령의 꿈을 품었다. '성경'을 읽으면서 모든 고난과 역경을 이겨낼 수 있었다. '톰 아저씨의 오두막'을 읽고 노예해방을 다짐했다

링컨은 책속에서 꿈을 찾고 길을 찾았다. 책이야 말로 미국의 가장 존경받는 대통령 링컨을 만든 원천 이었던 것이다. 우리나라도 링컨과 같은 훌륭한 지도자가 나오길 기대한다. 책 읽는 대통령이 나오길 기대한다.

'단 한권의 책도 절대 무시하지 마라'고 하는 한 사람이 있다. 그는 잘 나가는 삼성전자에서 10년 이상 근무했다. 어느 날 문득 깨달음을 얻은 그는 거액의 연봉을 포기하고 3년 동안 도서관에서만 살았다. 당시에 읽은 책이 무려 1만권에 달했다. 3년 동안 50권의 책을 출간 하면서 '도서관에서 기적을 만난 남자' 라는 칭호를 얻은 그는 (주)한국퀀텀리딩센터의 김 병완 작가다. 그는 책을 통해서 인생이 달리진 대표적인 예이다. 그는 한 권의 독서가 쌓이고 쌓여서 태산이 되고 바다가 된다고 말한다. 오늘 읽은 한권의 책이 당신의 미래를 바꿔주는 인생 최고의 책이라고 말한다. 지금은 많은 사람들에게 제대로 된 독서관과 올바른 독서법을 알려주면서 인생의 멘토가 되어주고 있다.

필자도 책 속에서 길을 찾았다. 나폴레온 힐의 책을 통해서 인생의 변화를 경험했다. 청소년 시절에 읽었던 터라 쉽게 동기부여가 되었다. 가슴이 뛰었다. 나폴레온 힐의 책을 읽게 된 동기가 있다. 현대그

룹의 고 정주영 회장이 나폴레온 힐의 책을 읽고 성공을 다짐해 나갔다는 것을 알게 되었다. 그때부터 책과 친해질 수 있었다. 나도 할 수 있다. 나도 큰 인물이 될 수 있다. 나도 큰 부자가 될 수 있다고 외치고 믿었다. 그 이후로 책 읽는 것이 습관이 되었다. 우리나라는 각 지역마다 도서관이 있어서 참 좋다. 필자는 서울 목동에 있는 양천도서관을 이용했다. 집에서 조금 먼 거리였지만 걸어 다녔다. 20분정도 되는 거리를 걸어 다니면서 사색을 했다. 사색하면서 인생의 큰 그림도 그려보았다.

2013년 우리나라 성인1인의 연평균 독서량은 9.2권이었다. 한 달에 0.8권 이하이다. 해년마다 독서량이 줄어들고 있다. 점점 책을 읽지 않고 있다는 이야기다. OECD 조사에 의하면 미국은 한 달에 6.6권, 일본은 6.1권, 프랑스는 5.9권, 중국은 2.6권씩 읽고 있다. 왜 이 나라들이 선진국인지 잘 알 수 있는 자료이다.

가장 책을 많이 읽을 수 있는 대학생들의 연간 대출 횟수도 꾸준히 감소세에 있다고 한다.

중앙일보의 2015년도 기사의 헤드라인들도 가슴 아프게 한다. "가구당 도서구입비 역대 최저" "사라지는 독서문화" 라고 기사가 나온다.

한국경제신문에는 "책 안 읽는 한국인, 독서 하루 평균 6분, TV앞에선 2시간 이상" 이라는 기사도 있다. 요즘은 책은 읽지 않고 스마트폰에 허우적거리면서 산다.

위의 통계 자료에 봐서도 알 수 있다. 책 한권이라도 더 읽는 나라가 덜 읽는 나라를 지배하게 된다는 사실을 입증해 준다. 세계 정치와 경제 리더들의 공통점은 책을 읽는다는 것이다. 책을 통해서 정보와 지식, 교양을 쌓는다. 지도력과 창조력, 통찰력과 판단력을 키우는데 핵심적인 역할을 하는 것이다. 세계가 글로벌화 되고 하나의 세계로 변화됨에 따라 독서의 중요성은 더욱 커진다. 우리 시대가 요구하는 능력을 모두 갖추기 위해서는 반드시 책을 읽어야 한다.

우리는 링컨보다 똑똑하지 않다. 미국보다 잘 사는 나라에서 살지도 않는다. 우리가 그들을 이길 수 있는 방법은 독서밖에 없다. 그 나라를 지배하기 위해서는 그 나라 보다 많은 독서를 해야 한다. 갈수록 사람들은 독서를 안 하게 될 것이다. 너무나 많은 미디어에 노출되어 있기 때문이다. 책이 아니더라도 스마트폰만 있어도 하루 종일 심심하지 않을 수 있기 때문이다. 당신에게 약이 되고 살이 되는 것은 책 속에 들어있다. 하루하루 스쳐 지나가는 정보 글씨들은 쓰레기다. 당장 내일이 되면 아무짝에 쓸모없는 글들이 된다.

이런 상황을 역발상 하면 당신에게 좋은 기회가 될 수 있다. 당신이 위대한 인물이 되고 싶고 큰 부자가 되고 싶다면 책을 읽으면 된다. 사람들은 점점 책을 읽지 않을 것이기 때문에 그만큼 경쟁자가 줄어들지 않겠는가? 이렇게라도 위로를 해보자.

책을 많이 읽다보면 언어 능력이 발달된다. 단순한 책의 지식과 정보만 담아내는 것이 아니다. 언어가 유창해 진다. 책은 인격형성에 많은 도움을 준다. 사고력이 향상되고 균형 있는 삶을 살아가는데 큰 도움이 된다. 당신의 말에는 점점 힘이 실리게 될 것이다. 나 자신뿐만 아니라 우리 모두의 성장을 위해서도 꼭 책을 읽어야 한다.

책 속에 답이 있다.

　책은 당신이 부자가 되는 방법을 알고 있다. 당신이 부자가 되는 길로 안내해 줄 것이다. 해년마다 목표를 세운다. 그중에는 독서량도 빼놓을 수 없다. 목표를 정하지만 실천 한 사람은 드물다. 특히 책은 더 안 읽는다. 잘 살고 싶고 부자가 되고 싶어 하면서 책은 안 읽는다. 책이 말을 해준다. 어떻게 해야 부자가 되는지. 어떻게 해야 잘 살 수 있는지.

　책은 읽으면 읽을수록 매력이 있다. 하루 종일 책만 읽고 싶어진다. 안 먹어도 배가 부르다. 이미 부자가 된 것 같다. 부족함이 없다. 대학입시를 위해서 경쟁 할 필요는 없다. 책을 더 많이 읽기 위해 경쟁해야 한다. 눈으로 읽는 것은 의미가 없다. 수백 권 수천 권 읽는다고 해서 인생이 달라지지 않는다. 마음이 변해야 한다. 책을 통해 지혜를 얻어야 한다.

　과거는 지나갔다. 미래는 준비해야 한다. 과거처럼 살고 싶다면 책을 읽을 필요가 없다. 지금까지의 인생에 만족 한다면 책을 읽을 필요가 없다. 발전을 원하고 더 잘살기를 원한다면 책을 읽어야 한다. 미래가 달라질 것이다.

부자와 가난한 사람의 차이점은 생각이다. 부자의 생각을 카피해야 한다. 부자들과 대화를 나눠보면 일반 사람들과 생각 자체가 다르다. 부자들의 생각과 마인드를 카피해야 한다. 주변에 부자가 많은가? 그 사람을 카피해야 한다. 우리 주변에는 부자가 흔하지 않다. 어떻게 해야 하겠는가? 책을 통해 부자를 만나면 된다. 책 한권을 통해서 부자의 생각을 엿보는 것이다. 부자의 마인드를 카피하는 것이다. 부자들이 돈 버는 방법과 시스템을 배우는 것이다. 책 속에는 부자의 돈 버는 방법이 생각보다 많이 노출되어 있다. 수년, 수십 년에 걸친 노하우가 고스란히 담겨 있다.

가장 자주 만나는 사람이 있는가? 열 사람만 생각해 보라. 그 사람의 평균연봉이 자신의 연봉일 것이다. 가장 자주 만나는 사람을 바꾸어 보라. 당신의 연봉은 달라질 것이다. 환경을 바꾸는 것이다. 책을 통해 바꾸어도 된다. 10억대 부자, 100억 부자들로 채워라. 책 속에 인물과 어울려라. 책 속에 인물과 대화하라. 밥값, 술값도 안 들어간다. 책 속의 인물은 당신에게 지혜를 줄 것이다. 통찰력을 줄 것이다. 당신이 부자가 되는 길을 알려 줄 것이다.

필자는 어려움을 당할 때 하는 일이 있다. 지혜가 필요할 때 하는 의식이 있다. 기도 하는 것이다. 기도 하면서 나보다 더 힘 있는 사람을 초대 한다. 책 속에 인물을 초대한다. 성경속의 인물을 초대 한다. '그 사람이라면 지금 같은 상황에서 어떤 선택을 할까?' 이야기를 들어 본다. 책 속에서 말을 해 준다. 책을 통해 그 사람을 알고 있다. '그 사람은 이런 선택을 하겠구나.' 생각한다. 성경속의 인물들도 마찬가지다. 배우고 들었기 때문에 가능하다. 책을 읽지 않고 성경을 읽지 않았다면 그 사람을 어찌 알겠는가? 그 인물의 성격을 어찌 알겠는가? 위인들과 대화를 통해 지혜를 얻고 통찰력을 얻는 것이다. 이런 것들이 쌓이고 쌓이면 강력한 무기가 된다. 세상을 보는 눈이 달라진다. 주변의 환경에 흔들리지 않게 된다. 세상을 지배하고 다스리는 단계가 될 수 있다.

부자와 가난한 사람의 차이점은 선택이다. 부자는 부자가 될 만한 선택을 한다. 가난한 사람은 가난한 삶을 선택한다. 오랜 세월 동안 선택한 삶이 지금의 모습이다. 부자들은 어떤 선택을 하는가? 그것을 배워야 한다. 모든 것은 책이 말을 해준다. 책 속에는 부자들이 어떤 선택을 하는지 명확하게 설명하고 있다. 그래서 책을 읽어야 한다. 가난한 사람들의 사상을 카피해서는 안 된다. 여러 번 반복해서 듣다보면 그 말을 믿어 버리게 된다. 가난한 사고방식을 선택하게 된다. 그런 환경으로부터 벗어나야 한다. 부자들의 선택을 보고 배워야 한다.

책 속의 부자들을 보면 대부분 공부를 못했다. 우리에게 희소식이다. 전문직종의 부자가 아닌 이상 공부를 잘 하지 못 했다. 경쟁을 싫어한다. 학교 성적을 싫어한다. 사업을 할 때도 마찬가지다. 남들이 많이 하는 것은 피한다. 경쟁을 싫어하기 때문이다. 경쟁이 심한 사업보다는 경쟁이 없는 수익이 많이 나는 사업을 선택 한다. 피 흘리지 않고 전쟁에 승리하는 것이다. 책 속에 부자들을 보면 집 하나를 살 때도 신중하게 산다. 돈이 많다하여 시세보다 비싸게 고민하지 않고 막 사는 것이 아니다. 정보를 모아서 최대한 싸게 구입한다. 기다릴 줄 안다. 급하면 불리하다. 기다리고 있다가 물고기를 잡는다. 필요한 물건을 기다리고 있다가 급매물이 나오면 고민하지 않고 잡는다. 시세보다 훨씬 싸게 구입하는 것이다. 부자들은 투자 하는 순간 버는 것이다. 이미 수익이 난 상태에서 시작하는 것이다.

부자와 가난한 사람은 반대로 간다. 가난한 사람들은 부동산을 보유하고 있다고 경제 위기가 오면 헐값에 처분한다. 부자는 자금을 준비하고 있다가 경기위기가 오면 헐값에 부동산을 구입한다. 경기가 좋아지면 부동산 가격은 몇 배 올라 있다. 부자들을 따라 하면 부자가 될 수 있다. 가난한 사람과 똑같이 행동하면 가난해 질 수 밖에 없다. '어떻게 하면 가난해 질 수 있을까?' 에 대한 책은 없다. 부자가 되는 방법에 대한 책은 많다. 단순히 자기계발의 목적이 아니다. 자기계발이 되면 결과도 나타나야 한다. 돈보다 중요한 것이 부자의 마인드다. 부자의 마인드를 몰라서 선택을 못하는가? 책을 읽어라. 책은 답을 알고 있다.

학교는 부자가 되는 방법을 알려주지 않는다. 성실한 직원이 되는 방법을 알려준다. 학교는 경제의 원리를 알려주지 않는다. 부자가 되는 방법은 책이 알려 준다. 책은 부자가 되는 방법도 알려 주지만 그보다 더 큰 것을 준다. 마음의 부를 이루게 한다. 마음의 부자가 진짜 부자다. 돈이 당신의 마음을 다 채워 줄 수는 없다. 인간의 욕심은 끝이 없기 때문이다. 돈은 숫자다. 한 달에 100만원 벌어도 행복하게 사는 사람이 있다. 한 달에 천만 원 벌어도 힘들어 하는 사람이 있다. 돈 보다 우선하는 것은 마음의 풍요로움이다. 책을 읽으면 먼저 마음이 풍요로워 진다. 마음의 부를 이룰 수 있다. 다음에 돈은 저절로 따라온다. 당신의 그릇만큼 돈은 채워진다. 목표를 세워라. 한 달에 4권 정도는 읽어보자. 인생이 달라질 것이다. 마음이 풍요로워 질 것이다. 진정한 부자가 될 것이다.

PART 05

35세 10억 회사의
주인이 된 자

'신은 행동하지 않는 자를 결코 돕지 않는다.'

-소포클레스

눈앞의 돈보다 꿈을 위해 일 할 수 있겠는가? 그런 사람이라면 부자가 될 수 있는 가능성이 높다. 누군가는 말한다. '꿈을 위해 산다고? 아직 세상물정을 몰라도 너무 모른다.' '아직 너무 순수하다.' '너는 아직 어리다.' 라고. 꿈을 위해 살아가는 사람을 두고 비현실주의자라고 한다. 필자도 10년 전에는 이런 말을 많이 들었다. 10년이 지난 후 그 말을 했던 사람과 필자를 비교해 보면 큰 차이가 있다. 그 말을 했던 사람은 시간이 지날수록 삶이 불안해 지고 있다. 빚과 함께 감가상각 되는 자산을 가지고 있다. 필자는 시간이 지날수록 가치가 올라가는 자산을 가지고 있다. 여가 시간도 자유롭게 조절 할 수 있다.

우리는 너무 젊은 나이에 세상을 알아버린다. 책을 통해 가치 있는 세상을 아는 것이 아니다. 입시전쟁과 치열한 경쟁사회의 세상을 알아버린다. 학생들에게 꿈 이야기를 하는 것은 이제 사치가 되어 버렸다.

필자는 꿈을 위해 뛰었다. 부자가 되는 꿈. 35세의 회사의 주인이 되는 꿈. 39세에 100억대 부자가 되는 꿈을 위해서. 필자는 좋은 가정 환경에서 성장하지 못했다. 좋은 회사를 갈수 있는 학교를 나오지도 않았다. 대기업에 들어갈 수 있는 스펙 또한 없다. 인맥으로 부자가 될 수 있는 상황도 아니었다. '이런 환경에서 부자가 될 수 있는 방법이 무엇이 있을까?' 고민했다. 이미 성공한 사람을 통해서 필자가 가야 할 방향을 찾기 시작했다. 부자를 찾아갔다. 부자를 카피했다. 직접 만날 수 없는 사람은 책을 통해 배워 나갔다.

큰 부자가 탄생하는 영역이 따로 있었다. 모든 것을 다 해 볼 수는 없겠지만 필자가 할 수 있는 영역에서 도전해 보기로 다짐했다. 인생 계획을 했다. 엔터테인먼트, 금융, 유통, 무역, 명품사업, 수입자동차 딜러, 부동산 컨설팅, 건설 분야 이다. 각각의 영역에서 최선을 다해 보기로 다짐했다. 부자가 탄생하는 영역에는 공통점이 있다. 부자들을 상대한다는 것이다. 부자 틈에서 부자가 탄생한다. 부자를 상대하면 부자가 될 수 있다. 부자가 탄생하는 영역에서 5년 내에 회사의 주인 이 된다는 마음으로 일했다.

20대 엔터테인먼트회사에서 일했다. 아티스트로 활동 하면서 그 시장의 성격을 알아갔다. 그 곳에서 유명해 진다는 것은 곧 부자가 된 다는 것이다. 작은 실패와 성공의 연속이었다. 돈 주고 바꿀 수 없는 경험이었다. 많은 사람을 만나보면서 사회를 배웠다. 일반적으로 경험 할 수 없는 여러 일들이 있었다. 기회가 많은 만큼 사기꾼도 많았다.

큰 부자로 가는 길에 함정이 많이 있었다. 다행이 필자는 20대에 만나 보아야 할 사기꾼을 성격별로 다 만나 보았다. 첫인상이 사기꾼 같은 사람부터 교양 있는 사기꾼까지 만나보았다. 부자가 되기 위해서 반드시 거쳐야 하는 과정이다. 부자의 그릇을 만드는 과정이다. 로또한방이나 벼락부자가 된 사람의 부가 오래 가지 못한다. 그 사람은 돈을 품을 그릇이 준비 되어 있지 않기 때문이다. 돈이 그 사람에게 오랫동안 머물러 있지 않는다. 필자는 진정으로 부자가 되기를 꿈꾸고 믿었기 때문에 그릇을 만드는 훈련을 받았다.

금융회사에서 일했다. 5년 내에 CEO를 목표로 했다. 욕심이 앞섰는지 독립을 빨리했다. 시원하게 망했다. 투자자금이 사라졌다. 심리적으로 지쳤다. '꿈이 너무 크지 않냐?' 라며 스스로 질문도 했다. 기적처럼 다시 일어섰다. 자심감이 다시 생겼다. 또 망했다. 그렇게 세 번을 망했다. 몸도 만신창이가 되었다. 세 번을 망하면서 정보에 의존하기보다는 필자만의 금융투자 방법을 미친 듯이 연구하기 시작했다. 필자만의 공식을 만들어 내었다. 그 다음부터는 돈이 벌리기 시작했다. 파이프라인을 하나 만들게 된 것이다.

창업컨설팅 회사에서 일했다. 5년 내에 CEO를 목표로 했다. 서울의 상권을 분석했다. 수백 개가 넘는 프랜차이즈 회사를 분석했다. 성장하는 프랜차이즈 회사를 선별했다. 창업을 생각하는 고객에게 연결해 주었다. '특급 매물이 나오면 직접 창업을 해야겠다.' 는 마음으로 일했다. 짧은 시간에 계약을 했다. 고객이 원하는 물건을 최대한 좋은 가격에 연결해 주려고 노력했다. 이런 열정이 고객에게 전달이 되었고 필자를 신뢰해 주었다.

유통회사에서 일했다. 5년 내에 CEO를 목표로 했다. 유통업의 큰 사업가 밑에서 일했다. 큰 사업가를 롤 모델로 세우고 카피 했다. 유통 사업은 장점이 있다. 땅과 건물이 필요하다. 그래서 유통 사업도 부자가 될 수 있는 영역에 포함이 되는 것이다. 독립을 빨리 했다. 토지를 사고 개발 했다. 건물을 올릴 수 없는 땅을 싸게 사서 형질 변경을 하고 건물을 지었다. 땅의 가치는 이미 많이 올라가 있고 앞으로 더 오를 수 있다. 유통 사업에서 수익이 발생하고 토지가격이 상승해서 자산가치가 올라간다. 건물을 세워서 건물주가 되고 회사를 세워서 회사 주인이 된 것이다.

꿈을 위해 살아간다는 것은 흥미롭지만 냉혹한 현실에 부딪힐 때도 있다. 많은 시련이 따를 수도 있다. 여러 번 망하기도 하고 위기에 처하기도 한다. 돈이 너무 없어 굶을 때도 있다. 눈에 보이지도 않고 잡히지도 않는 꿈을 위한 길. 아무리 걸어도 끝이 보이지 않는 깊은 터널 속을 걸어야 한다. 하지만 그 길이 부자가 되고 꿈을 이룰 수 있는 길이다. 꿈을 위해 살아가다 보면 자신의 계획대로 모든 것이 흘러가지는 않는다. 큰 꿈을 향해 가면 가는 길은 달라도 결국 꿈은 이루어진다. 방향성이 중요하다. 어디를 향하고 있는지가 더 중요하다. 큰 목표가 있으면 자신의 생각과는 다르지만 결국은 그 목적지에 도착하게 된다. 꿈을 향한 도전은 돈으로 바꿀 수 없는 귀한 자산이다. 부자가 탄생하는 영역에서 과감하게 도전해 보아야 한다. 부자를 카피해야 한다. 부자를 상대해야 한다. 지금 당장 35세 10억 회사 주인을 목표로 젊음을 불태워라.

KEY POINT 1-05 되고 싶은 모습대로 행동한 자.

빠르게 부자가 되고 싶다면 행동해야 한다. 상상하는 것은 현실이 될 수 있다. 전제조건이 있다. 행동하는 사람에게만 가능하다. 믿고 행동하는 것이다. 상상하는 데로 행동하는 것이다. 시간이 흐르면 현실에 나타난다. 상상하는 것은 매우 중요하다. 당신이 부자가 되는 데 꼭 필요한 것이다. 그 다음 행동으로 옮겨야 한다. 행동하지 않는 것은 상상하는 것을 믿지 않는 것이다. 당신이 행동 했을 때 우주가 나서서 일한다. 당신이 멈춰 있으면 우주도 쉰다. 우주를 일하게 하라. 우주는 일하고 싶어 한다. 더 많은 것을 상상 하고 이루기를 원한다. 더 큰 기회를 주기 원한다.

자기 분야마다 성공한 사람이 있을 것이다. 가장 존경받는 사람이 있을 것이다. 마치 그 사람인 것처럼 행동하라. 말단 직원이더라도 회사의 CEO인 것처럼 행동하라. 대접받는 것이 달라질 것이다. 당신이 그렇게 생각하면 다른 사람들도 그렇게 대해준다.

필자도 마치 이루어 진 것처럼 행동했다. 증권정보회사에서 일할 때

'내가 가장 유능하다.'고 생각했다. 스스로 최면을 건 것이다. 유능한 투자자처럼 행동을 했다. 자신감 넘치는 것처럼 행동 했다. 망해보기 전이어서 실속은 없었다. 자신감은 넘쳤다. 그 자신감에 고객들이 신뢰를 했다. 실력이 있어 보였을 것이다. 자신의 투자자금을 맡기는 고객이 늘어났다. 독립을 하고 직접투자를 했다. 출발은 순조로웠다. 얼마 지나지 않아 큰 위기에 빠졌다. 투자자금이 사라졌다. 절망할 수밖에 없었다. 이미 부자인 것처럼 생각하고 행동 했는데 현실은 반대였다. 절망 속에 있었다. 마음을 추스르고 손실나지 않는 투자법을 만들었다. 확신이 생겼다. 수익이 발생했다. 유능한 투자자처럼 행동을 했지만 지금은 실제 그런 사람이 되었다. 믿음이 강하니 현실 세계에 나타났다. 그런 사람이 되기 위해서는 강력한 충격이 필요 했던 것이다. 그 과정을 이겨 냈을 때 결과는 크게 나타났다. 이루어 진 것처럼 행동했지만 현실이 되었다. 자신감 있는 척 했지만 현실이 되었다. 다가오는 고객이 달라졌다. 금액이 달라졌다. 만나는 사람이 달라졌다. 적당한 부자에서 큰 부자들을 상대하게 되었다. 먼저 행동을 하니 현실은 따라왔다.

빠르게 부자가 되기 위해서는 당신이 황금의 손이라고 상상을 하라. 돈을 만들어 내는 황금의 손이다. 만지는 것 마다 황금으로 변한다고 상상하라. 현실과 멀게 느껴져도 상관없다.

당신이 상상한 이후 어려운 상황이 온다는 것은 현실 세계에 나타내기 위한 진통이라고 생각하라. 황금알을 낳는 거위도 산통이 있다. 황금을 만드는데 어려움이 없다는 것은 이상하다. 아이를 낳는데 얼마나 많은 고통의 시간이 필요한가? 당신의 상상이 현실로 나타나기 위

해서는 인내의 시간이 필요하다. 아프고 힘들 지라도 상상은 이루어진
다. 고통의 시간이 헛되지 않다. 그 어려움 가운데서 얻을 교훈이 있
다. 그 교훈이 당신의 상상을 이루는데 큰 역할을 한다.

필자는 35세 CEO를 목표로 했다. CEO가 된 것처럼 상상하고 행
동했다. 좋은 차를 상상하고 좋은 사무실을 상상했다. 회사를 상상했
다. CEO명함을 만들었다. 매일같이 이루어 진 것처럼 생각하고 행동
했다. 현실이 그렇지 않은 것은 상관하지 않았다. 모든 것이 35세
CEO에 맞게 세상이 돌아가기 때문이다. 35세 CEO가 되기 위해서 '
내가 지금 해야 할 행동은 무엇인가?' '이 자리에서 나의 역할은 무엇
인가?'를 고민했다. '이 회사에서 내가 배울 것은 무엇이고 1년 내에
이루어야 할 것이 무엇인가?'를 고민했다.

김밥 파는 CEO의 저자 김승호 씨는 말한다. "만약, 사업을 하면서
가장 필요한 재능이 무엇인가? 라고 묻는다면 망설임 없이 '상상력이
다.' 라고 말할 것이다. 상상력은 모든 꿈의 시작이며 현실로 가기 위
한 첫 번째 문이다. 모든 현실은 상상으로부터 시작 된다."
눈에 보이는 현실은 한 사람의 상상으로부터 시작 된다. 상상하고
행동하는 사람들로부터 세상의 역사는 이루어진다. 아무것도 행동하
지 않는 사람에게는 모든 것이 불가능 하다. 부정적인 생각을 가지고
있는 사람은 한 발자국도 나아가지 못한다. 자신의 화려한 미래의 모
습을 상상하는 사람은 적극적으로 행동한다. 절대 포기하지 않는다.
시련이 끝난 후에 반드시 상상이 현실로 나타날 것을 믿기 때문이다.

마음대로 상상하다 보면 아이디어가 떠오른다. 많은 아이디어가 쏟아진다. 필자도 하루 중 잠시라도 상상의 시간을 갖는다. 1년, 5년, 10년 후 모습을 상상한다. 어떤 길을 가게 될지 상상한다. 어떤 모습일지 상상한다. 지나가는 아이디어를 기록한다. 메모장에 기록한다. 요즘은 스마트 폰이 있어서 좋다. 스마트폰 메모장에 바로 기록을 한다. 떠오르는 아이디어를 모은다. 읽어보면 가치 있는 것들이 많다. 적어 놓고 잊어버릴 때도 있다. 세월이 흘러 메모해 놓았던 글을 읽어보면서 놀랄 때가 많다. 상상하면서 얻었던 아이디어들이 이미 이루어 진 것들이 많다. 메모 할 당시에는 불가능 해 보였던 것들이 이제는 가능할 것 같다는 믿음도 온다. 상상의 힘이다. 상상하는 데로 삶을 사는 것이다. 얼마나 멋진 일인가? 누군가가 시켜서 하는 일이 아니다. 학교 선생님이 상상하라고 시키지 않았다. 책속에 있는 스승님이 상상하라고 했다. 선택은 본인이 하는 것이다. 직접 선택하고 행동하는 것이다. 메모한 것은 구체화 되고 이루어진다.

상상력이 풍부한 사람은 자칫 괴짜 소리를 들을 수도 있다. 상관할 필요 없다. 세상은 풍부한 상상력을 가진 사람의 생각대로 돌아 갈 것이다. 세상의 주인은 상상하고 믿고 행동하는 사람의 것이다. 상상했다면 믿어라. 믿었다면 거침없이 행동하라. 도전하는 것이다. 잃는 것보다 얻는 것이 훨씬 많다. 당신 스스로 상상하고 행동하라. 시키는 대로 하는 것은 노예다. 당신이 선택하고 상상하고 행동하는 삶이 주인 된 삶이다. 당신 인생과 세상의 주인이 되는 방법이다.

누구나 빠르게
부자가 되는 공식

chapter
02

PART_01

좋아하는 일에
목숨을 걸어라.

"자신이 좋아하는 일을 해라. 그러면 성공은 자연히 이루어진다."

-워렌 버핏

"지금 당신이 좋아하는 일을 하고 있는가?" 스스로 물어보라. 부자가 되기 위해서는 자신이 좋아하는 일에 목숨을 걸어야 한다. 자신이 좋아하는 일을 하면서 부자가 되는 것. 생각만 해도 즐거운 일이다. 대부분은 먹고 살기 위해 일을 한다. 한 달 고정 지출을 마련하기 위해 일을 한다. 대출 이자를 마련하기 위해 일을 한다.

필자는 '내가 좋아하는 일이 무엇인가?'를 생각했다. 음악을 좋아했다. 음악에 감동을 받고 힘을 받았다. 음악이 친구가 되어 주었다. 인생계획을 했다. 30살까지 음악을 하기로 했다. 목숨 걸고 갈 때 까지 가보기로 다짐했다. 좋아하는 일을 하고 그 일에 목숨을 걸면 성공은 자연히 따라온다는 말을 믿었다. 돈은 자연히 따라온다는 말을 믿었다. 음악 공부를 위해 영국에 갔다. 자신감을 가지고 한국에 왔다. 집에 작은 작업실을 만들었다. 3년 동안 미친 듯이 음악 작업만 했다. 곡을 만들고 레코딩을 하고 믹싱을 했다. 좋아하는 일에 목숨을 건 것이다. 돈이 목표가 아니었다. 아티스트로 성공하는 것이 목표였다. 3년 동안 음악작업만 하다 보니 실력이 늘었다. 대중가요 곡 작업을 하게 되었다. 작곡가 선배에게 인정을 받았다. 음악 전문 방송국에서 섭외가 들어 왔다. 초라한 작은 개인 작업실에 신인 가수들이 녹음을 하러 왔다. 곡 작업을 해주면 돈도 벌렸다. 여기저기서 미디작업을 해달라는 요청이 들어왔다. 돈도 필요하고 해서 못이기는 척 작업을 도와주면 상당히 큰돈을 벌수 있었다. 한 달에 500만 원 이상도 벌었다.

좋아하는 일에 목숨을 걸어보니 돈은 따라왔다. 꿈은 원대했지만 부수적인 것들로 인해 수입이 발생했다. 돈은 자연히 따라왔다. 처음 좋아하는 일을 할 때는 어렵다. 배고프다. 막막하다. 눈에 보이는 것이 없다. 손에 잡히지 않는다. 길이 안 보인다. 누구나 마찬가지다. 그 시간을 인내 할 수 있는 사람만이 부자의 길을 갈 수 있다. 3년 동안 돈 한 푼 못 벌고 방구석에서 작업만 하고 있다고 생각해 보라. 부모의 심정은 어떻겠는가? 스스로 자책감도 들 것이다. 하루에도 수십 번 고민할 것이다. 이 길을 의심할 것이다. 잘하는 것인지 묻게 될 것이다. 보통은 그 과정을 견디지 못한다.

그 과정을 즐겨야 한다. 대가를 바라는 것이 아니다. 좋아서 하는 일이기 때문에 즐기면 그만이다. 이미 보상을 받은 것이다. 좋은 하는 일을 하는 것 자체가 보상인 것이다. 거기에 돈까지 큰 보상을 바라는 것은 욕심이다. 필자도 그랬다. '이 일은 내가 좋아하는 일이다.' '나는 내가 좋아하는 일을 하고 있다.' '배고프지만 나는 행복하다.' '내가 만족할 만큼 가보자.' '갈 때 까지 가보자.' '어디까지 갈 수 있는지 한번 해보자.' 는 마음이었다.

'돈은 언제 따라올까?' '좋아하는 일을 하면 돈은 저절로 따라온다고 했는데. 그 말이 사실일까?' '성공한 사람들이 그냥 하는 이야기 아닌가?' 그런 고민은 하지 않았다.

처음은 막막하지만 시간이 지날수록 필자가 좋아 하는 일을 할 수 있게 되었다. 지금은 좋아하는 일만 선택해서 할 수 있게 되었다. 시작은 좋아하는 일을 할 수 없는 상황들로 가득했지만 지금은 마음껏 선택할 수 있게 되었다.

해리포터 시리즈가 대박나면서 가난한 무명작가가 일약 10억 달러가 넘는 돈을 벌게 되었다. 그녀는 조앤 K. 롤링이다. 그녀에게는 딸이 한명 있다. 하지만 이혼녀이다. 하루하루 힘든 생활을 살아갔다. 한치 앞을 내다 볼 수 없었던 그녀가 세계적인 베스트셀러 작가가 되었다. 어떻게 세계적인 작가가 되었을까? 그녀는 어릴 때부터 꾸며낸 이야기를 주변사람들에게 자주 들려주었다고 한다. 자신이 좋아서 한 일이다. 성인이 돼서도 자신이 좋아하는 일을 멈추지 않았다. 힘겨운 무명 시절을 견뎌내고 책을 출간했다. 자신이 좋아하는 일을 꾸준히 한 결과 해리포터 책이 엄청나게 팔렸다. 그녀는 대박 작가가 된 것이다. 삶이 바뀌었다.

우리는 살아가면서 해야 하는 일과 하고 싶은 일에서 갈등을 한다. 해야 하는 일을 열심히 하는 사람은 성실한 근로자이다. 학교 교육은 우리가 성실한 근로자가 되기를 가르친다. 성실한 근로자를 대량생산한다. 하고 싶은 일을 한다고 하면 부모로부터 거센 비난을 받는다.

생존을 위해 해야 하는 일을 한다. 일하지 않으면 가족이 배고프다. 한번 사는 인생인데 억울하다. 자신이 하고 싶은 일을 마음껏 하고 살 수 있다면 얼마나 좋겠는가? 자신의 개성과 능력이 나타날 것이다. 사회는 더 풍요로워 질 것이다. 더 개성 있는 사회가 될 것이고 더 빠르게 발전할 수 있을 것이다.

하고 싶은 일을 한다고 해서 항상 행복할 수는 없다. 그만큼 책임을 가져야 한다. 질책도 감수해야 한다. 하고 있는 행동에 자신이 책임을 져야 한다. 하고 싶은 일을 하고 사는 것도 일종의 CEO 마인드다. 모든 것을 자신이 결정하고 책임지는 것이다. 그 실적을 부모와 가족에게 보여줘야 한다. 주변 사람에게 보여줘야 한다. 당신의 선택이 옳다는 것을 실적으로 입증해야 한다. 하고 싶은 일을 선택한 자에게 따라오는 의무이다. 이런 책임 없는 선택은 망나니 일 뿐이다. 하고 싶은 대로 막 사는 것은 조금 부족한 사람이다. 선택 했으면 결과를 책임 질 수 있는 그런 마음이어야 한다.

인생은 선택하는 것이다. 부자도 선택하는 것이다. 무엇을 위해 살아가는가? 먹고 살기 위해 살아가는가? 인생의 행복을 위해 살아가는가? 돈이 쓸 만큼 풍족하게 있고 자신이 하고 싶은 일을 하면서 살 수만 있다면 행복한 인생이라고 할 수 있다. 그런 삶을 원한다면 그런 길을 걸어야 한다. 젊을 때 시작해야 한다. 먹여 살려야 할 가족이 있고 자식이 있다면 선택은 더 어려워진다. 20대 청춘은 아프다. 직장을 못 들어가서 아프다. 들어가도 미래가 불안해서 아프다. 사내 인간관계로 아프다. 자신이 하고 싶은 일을 해도 아프기는 마찬가지다. 결과에 책임을 져야 한다. 부담감이 있다. 미래가 불안한 것도 마찬가지다. 하고 싶은 일을 해도 아프고 해야 하는 일을 해도 아프다. 어떤 일을 선택할 것인가? 자신이 선택 하는 것이다. 누가 대신 선택해 줄 수 있는 것이 아니다.

필자는 20대 중반에 3년 동안 작은 작업실에서 지낼 때 행복했다. 돈 한 푼 못 벌었다. 미래가 불안 하기는 마찬가지였다. 보장된 것도 없었다. 하지만 마음은 행복했다. 부자가 될 거라는 확신을 가지고 있었기 때문이다. 상상하는 데로 이루어 질 것을 믿었기 때문이다. 지금 이 순간 내가 좋아하는 일을 하고 있기 때문이다. 그것으로 충분한 보상을 받았기 때문에 아쉬울 것도 없었다. 곡을 만드는 것 자체가 감동이었다. 희열을 느꼈다. 그 속에 행복이 있었다. 자신이 좋아하는 일을 했기 때문에 가능한 것이다. 필자에게 3년 동안 방에서 그림을 그리라고 했다면 힘들었을 것이다. 그림을 모르기 때문이다.

좋아하는 일을 하면 반드시 그 보상이 따라온다. 그 일로 인해 보상이 오지 않아도 괜찮다. 자신이 선택하고 책임지는 것이다. CEO마인드가 된 것이다. 자신의 인생을 스스로 선택하는 것이다. 개척하는 것이다. 그런 마인드가 당신을 부자로 만들어 줄 것이다. 시간이 지날수록 당신은 하고 싶은 일만 골라서 할 수 있게 될 것이다.

돈의 노예가 되지 마라.

필자는 원대한 꿈을 위해 80만원을 들고 무작정 영국으로 떠났다. 한 달 방값도 안 되는 비용이었다. 일단 갔다. 동네 주소와 전화번호 하나 들고 갔다. 정확한 주소도 없었다. 돈을 위해 직장을 가는 대신, 꿈의 노예를 선택한 것이다. 어떠한 계획이나 보장되어 있는 것이 없었다. 단지 음악으로 성공하고 싶은 열정 하나 때문이었다. 런던 윔불던 역에 도착했다. 집주인에게 전화를 했다. 전화를 안 받았다. 막막했다. 아는 사람 한명 없는 곳이었다. 기다렸다. 받을 때까지 전화했다. 한 시간이 지난 후에야 연락이 되었다. 그렇게 영국 생활은 시작되었다. 한 달 방값을 지불했다. 80만원 이었다. 무일푼이 되었다. 한 달이 지나면 집에서 쫓겨난다. 걱정하지 않았다. 한국에서 출발 할 때부터 작정하고 갔다. 방 값이 없으면 길에서라도 자기로 다짐했다. 신은 필자를 길바닥에서 자게 하지 않았다. 행동 했을 때 우주가 나서서 도왔다. 돈의 노예가 되지 않고 꿈을 향해 나갔을 때 모든 환경과 여건은 필자의 꿈에 맞게 움직여 주었다. 같은 숙소의 한 분으로부터 모든 살림살이를 물려받았다. 영국에 갈 때 살림도 가져가야 한다는 사실을 모르고 있었다. 영국에서 어떻게 살아가야 하는지 가이드를 해주었다.

그 분으로부터 영국생활의 기초를 익힐 수 있었다. 어느 학교를 가야 하는지 알려 주었다. 영어 공부 하라고 수백만 원짜리 학생증도 주었다. 어느 곳에서 일을 해야 하는지 알려 주었다. 결국에는 필자가 음악을 위해 온 사실을 안 뒤 영국의 본토 기획사 사장님을 연결해 주었다. 필자가 영국에 도착한지 한 달 만에 있었던 일이다.

계획을 세우고 확실하게 보장이 되어 있어서 실행 하는 것도 나쁘지 않다. 필자처럼 배경이 없는 사람은 일단 꿈을 위해 실행을 해 보아야 한다. 보장 되어 있는 것이 없다 해도 도전 해 보는 것이다. 영국에 있었던 일이 단지 운이 좋아서만은 아니다. 행동했기 때문에 가능한 것이다. 도전했기 때문에 운이 따라 왔던 것이다. 돈이 없어 꿈을 이룰 수 없는 것이 아니다. 한 달 방값도 안 되는 단돈 80만원을 들고 영국에 갔지만 소개받은 일자리로 한국직장인 보다 많은 월급을 받았다. 받은 월급으로 생활도 하고 학비까지 마련 할 수 있게 되었다. 돈의 노예가 되면 꿈은 멀어져 간다. 꿈의 노예가 되면 돈은 자연히 따라온다.

돈은 누구나 좋아한다. 대부분 우리는 그 돈을 따라가는 인생을 살고 있다. 돈의 주인이 되어 다스리는 사람은 많지 않다. 돈을 다스리는 자, 돈을 지배하는 자가 되어야 한다. 지금 돈을 위해 일하고 있다면 그 사람은 돈의 노예다.

돈이 아닌 꿈을 쫓았던 한 사람이 있다. 그는 잘 나가는 삼성전자의 연구원으로 일하다가 특별한 계획도 없이 컨설팅 회사를 차렸다. 그 사업은 실패를 했고 5억 원의 빚만 얻게 되었다. 주변에서는 다시 월급쟁이로 돌아가라고 조언을 했다. 그는 돈 이상의 원대한 목표를 가지고 있었기 때문에 위기 앞에서 도망치지 않았다. 그 결과, 미아방지 손목 밴드로 66개국에 진출한 리니어블의 대표가 되었다. 30대 젊은 나이의 문석민 대표의 이야기 이다.

문대표의 삶은 결코 평범하지 않았다. 잘 나가는 직장을 그만두고 창업을 한다는 것이 아무나 할 수 있는 일은 아니기 때문이다. 하지만 그는 돈 보다는 원대한 목표, 꿈을 쫓았다. 돈의 노예가 되기보다는 꿈의 노예가 되어 성공한 경우이다. 그가 돈의 노예였다면 직장을 그만두지도 않았을 것이다. 창업을 꿈꾸지도 않았을 것이다. 사업에 실패했을 때 다시 일어서기 힘들었을 것이다. 이렇듯 하나의 원대한 목표를 추구 하는 삶을 살아야 돈의 노예에서 벗어날 수 있다.

미국유학 후 국내에서 잘나가던 외국계 증권회사를 다니던 엄친아가 있다. 미국유학중 인력거 체험을 한 후에 한국에서 이 아이디어를 접목시키면 잘 되겠다고 판단하고 창업을 결심한다. 2012년 27세에 친구들과 시작한 회사는 창업 초창기 대비 100배 이상의 성장을 했다. 아띠인력거의 이인재 대표 이야기다. '한번뿐인 인생 즐겁게 살아보자' 는 모토로 잘나가는 금융회사를 뒤로하고 인력거 사업에 뛰어든 것이다. 유학까지 다녀와서 왜 몸 쓰는 일을 하느냐며 한국에서는 안 통한다는 말도 많이 들어야 했다. 그러던 중 2013년 아띠인력거가 창조관광공모전에서 대상을 받았다.

그는 젊은 친구들에게 말한다.

"당연히 돈도 벌어야겠지만, 일 자체가 좋아서 하길 바란다. 설령 돈이 안 벌려도 놀러 나오고 싶은 곳이었으면 좋겠다. 그러다 보면 어느새 돈이 벌린다."

돈의 노예가 아닌 자신의 꿈을 쫓아 일 했더니 돈이 어느새 벌린다. 그 과정이 절대 만만하거나 쉽다는 것이 아니다. 돈을 위해 일하는 것도 결코 쉬운 일이 아니다. 그러나 꿈을 위해 일한다면 지금 당장은 어려울 수도 있지만 시간이 지날수록 자신에게 더 큰 만족과 기회가 올 것이다. 꿈의 노예가 되는 일은 많은 훈련이 필요하다. 자전거 타는 것이 처음에는 배우기 어렵지만 한번 배우면 우리 몸이 알아서 타게 해준다. 꿈의 노예가 되는 훈련도 마찬가지다. 꿈을 쫓는 길이 느릴 것 같지만 가장 빠른 길이다. 20대의 젊은 청춘이라면 꿈을 위해 과감하게 도전해야 한다. 돈의 노예가 되어서는 안 된다. 20대의 경험과 실패는 돈과 바꿀 수 없는 큰 가치가 있기 때문이다.

PART 02

따뜻한 온실에서
나오라.

"가죽신을 신으면 편안하고, 나막신을 신으면 위험하다. 그렇지만 편안하여 방심하기보다는 위험하여 스스로를 지키는 것이 낫다."

-조선시대 선비 봉서 유신환

가죽신은 부드러워서 신고 다니기 편하다. 나막신은 굽이 높고 딱딱하다. 나막신을 신고 다니다가 중심을 잃고 쓰러지기 쉬워서 항상 조심해야 한다. 작은 돌부리에도 넘어져 다칠 수 있기 때문이다. 가죽신은 오히려 편안함만 믿고 뛰놀다가 크게 넘어 질수도 있다.

온실에 있다고 해서 결코 안전하지 않다. 방심하다가 크게 넘어 질수 있다. 위험한 환경 속에서 스스로를 지켜 내야 한다.

따뜻한 온실에서 과감하게 뛰쳐나올 수 있겠는가? 따뜻한 온실에만 있기에는 인생이 짧다. 우리가 경험해야 할 일이 너무 많다. 익숙한 곳에 머물러 있어서는 안 된다. 늘 새로운 것에 도전해야 한다. 새로운 경험을 해 보아야 한다. 삶은 우리가 보는 것 보다 훨씬 많은 것을 가지고 있다. 누려야 한다. 온실에서 나와야 한다. 젊은 청년이라면 어떤 일이든 해 보아야 한다. 반드시 그 일에서 얻는 것들이 있다. 세상에 만만하고 쉬운 일은 없다. 어떤 일이든 어렵기는 마찬가지다. 이일 저 일 다 해 봐야 한다면 부자로 갈수 있는 일을 해 보길 바란다.

필자는 부자가 될 수 있는 직업군을 선별했다. 그 직업을 모두 해 보기로 계획을 했다. 5년 내에 CEO가 되겠다는 마음으로 일했다. 군대를 전역한 후 엔터테인먼트 회사에서 매니저로 일했다. 음악으로 성공하기 위해 가장 바닥부터 일을 배웠다. 처음 3개월은 하루가 한 달 같았다. 새벽2시 이전에 집에 들어가지 못했다. 매일 피곤했다. 운전을 많이 하는 직업인데 일하다가 가끔 졸기도 했다. 치열한 삶의 현장이었다. 6개월 정도 지내보니 어느 정도 익숙해졌다. 요령도 생기고 생활패턴을 컨트롤 할 수 있게 되었다. 시간이 지날수록 그 곳의 공기는 점점 따뜻해졌다. 그곳이 온실이 되어갔다.

안정이 될 무렵 다음 도전을 위해 자리를 박차고 나갔다. 다음 목적지는 아티스트였다. 아티스트로 인정받고 성공한다는 것은 곧 부자가 된다는 것이다. 물론 가능성은 희박하다. 20대는 젊음이다. 꿈꾸는 자의 것이다. 목표하는 시간 내에 갈 때 까지 가보자는 마음이었다. 또 다른 치열한 삶의 현장이었다. 전혀 새로운 차원의 과정이었다. 많은 시련이 있었다. 그 시련이 필자를 성장 시켰다.

시간이 지나 그 환경에 또 익숙해졌다. 어떤 어려운 환경이라도 시간이 지나면 적응이 된다. 안정적인 수익도 발생 한다. 이름값도 올라간다. 이름값이 올라간 만큼 수익도 커진다. 결과물이 나오고 안정적일 때쯤 또 다음을 위해 도전했다.

혹자는 말한다.
"그 기술만 가지고 살아도 밥은 벌어먹고 살겠다."
"그 좋은 곳을 왜 그만 두느냐?"
필자는 마음속으로 답했다.
"인생을 돈만 벌다 끝내고 싶지 않다. 원대한 꿈을 위해 살아보고 싶다."
"내 한계를 뛰어 넘어보고 싶다. 의미 있는 인생을 살아보고 싶다."
라고.

주변 사람은 늘 우리의 한계를 짓는다. '너는 이만큼의 사람이다.' '그 이상 할 수 없는 사람이다.' '그것에 만족해라.' '그 직장에 붙어 있어라.' '너는 할 수 없다.'
부정적인 환경에서 완벽하게 벗어나야 한다. 주변에 할 수 있다고 하는 사람, 하면 된다고 하는 사람들로 가득 채워야 한다.

도자기는 수천의 고온을 견딤으로써 가치 있는 물건이 된다. 연단을 통해서 값진 물건이 된다. 온실속보다 야생에서 자란 화초가 훨씬 강하고 생명력이 질긴 법이다. 동물원의 호랑이 보다 정글 속 호랑이가 훨씬 강하다. 공격이 최선의 방어인 것이다. 영원한 것은 없다.

개그우먼 조혜련은 1남 7녀 중에 다섯 째 딸로 태어났다. 남아선호 사상이 강한 집안에서 다섯 째 딸로 태어나 사랑을 받고 자라지 못했다. 그런 집안 환경 덕분에 독립심이 강하게 성장 할 수 있었다고 한다. 온실 속의 화초처럼 예쁘게 피고 자라지 못했지만 들판의 잡초처럼 폭풍우가 쳐도 살아남을 수 있는 끈기 같은 걸 어려서부터 몸에 익혔다고 한다. 온실 속의 화초처럼 사랑받지 못하는 환경을 탓하기보다 들판의 잡초가 되기로 했던 것이다. 들판의 잡초 정신이 지금의 조혜련을 있게 했을 것이다.

온실에서 빠져나와 치열한 삶의 현장에 부딪히는 것이 빨리 부자가 되는 방법이다. 최대한 다양한 경험을 해야 한다. 부자가 될 수 있는 직업군에서 반드시 CEO가 되겠다는 마음으로 부딪혀야 한다. 많이 부딪히고 깨지고 싸우다 보면 강해진다. 전선의 최전방에 있을 때는 자신의 강함을 모른다. 온실의 있는 사람을 만났을 때 자신의 강함은 빛을 발한다.

잡초 같은 인간이 되어라.

잡초는 강하다. 세상은 잡초를 뽑아내려고 한다. 짓 밟으려고 한다. 없애려고 한다. 약을 뿌린다. 다시 일어설 수 없게 제거하려고 한다. 하지만 잡초는 강인하다. 밟아도 다시 자란다. 뽑아내도 다시 자란다. 강인한 생명력을 가지고 있다. 잡초 같은 인생은 누가 쳐다봐 주지 않는다. 사랑받는 존재가 아니다. 눈에 뛰는 존재가 아니다. 장미나 벚꽃처럼 사랑받는 존재가 아니다. 그런 꽃들 앞에 서면 잡초는 초라하기 짝이 없다. 무시당하고 짓 밟힐 뿐이다.

꽃은 화려하다. 꽃은 열매를 만드는 화려한 존재다. 항상 주목을 받는다. 사랑받는 존재다. 사랑 받는 꽃이 아니라고 실망할 필요 없다. 화려한 꽃처럼 사랑받는 존재가 되고 싶다면 금 수저를 물고 다시 태어나면 된다. 그럴 수 없다면 잡초 같은 인생으로 승부해야 한다. 어딜 가나 주목 받고 싶고 사랑받고 싶은 것은 신생아 마인드다. 나만 바라봐 달라고 운다. 나를 빛나게 해달라고 떼 쓴다. 작은 그릇이다. 아빠의 마인드는 희생이다. 야생이다. 잡초다. 가족을 위해 궂은일도 마다하지 않는다. 가족을 위해 모든 무거운 짐을 든다. 가족의 안위를 위해

헌신한다. 아빠의 마인드는 크다. 사랑받기 보다는 사랑하기 위해 노력한다. 받기 보다는 주기 위해 노력한다.

잡초는 비바람에 강하다. 모진 바람도 견뎌낸다. 뜨거운 태양을 받는다. 덥거나 추워도 이겨낸다. 어떤 악 조건에서도 살아남는다. 잡초정신이다. 어느 누구에게도 사랑받지 못한 존재이지만 살아남는다. 모두에게 미움 받는 존재이지만 살아남는다. 질긴 생명력을 가졌다. 잡초정신으로 세상에 부딪혀 보라. 이루지 못할 일이 얼마나 있을까? 누가 날 조금만 미워해도 상처받고, 싫은 소리하면 상처받는다. 온실 속에 있는 화려한 꽃이다. 늘 사랑만 받았기 때문에 작은 말 한마디에 상처를 받는다. 세상은 다르다. 당신을 곱고 예쁘게 사랑해 주는 사람이 많지 않다. 사람에게 사랑받지 못한다 하여 당신의 인생이 가치가 없는 것이 아니다. 잡초가 모두에게 미움 받지만 그 존재만으로도 가치가 있다. 소중한 존재이다.

필자는 중학교 때 사춘기를 겪었다. 친구들은 꽃처럼 보였다. 필자는 잡초 같았다. 친구들 옆에 있으면 한 없이 초라해 보였다. 친한 친구가 없었다. 소심했다. 사랑받지 못했다. 마음이 공허했다. 무언가에 목말랐다. 그때 필자는 신을 찾았다. 기도를 했다. 기도는 신과의 대화다. 기도를 통해 마음의 공허함을 채웠다. 신과 대화를 했다. 필자의 존재는 잡초 같았지만 신은 아름다운 꽃으로 대해 주었다. 신과의 대화는 계속 되었다. 내면과의 대화도 계속 되었다. 자신을 돌아보게 되었다. '나는 이 땅에 왜 태어났을까?'를 생각했다. 살면서 필자가 해야 할 일이 무엇인가를 생각했다. 깊은 성찰을 했다. 신은 필자의 친구가 되어 주었다. 또 한명의 친구는 책이었다. 책 속에 인물들이 필자의 친구가 되어 주었다. 위인들이 많았다. 닮고 싶은 사람이 많았다. 그 사람들과 대화를 했다. 책을 통해 대화를 했다. 필자는 누군가에게 사랑을 받지 못했기 때문에 신을 만났다. 신을 만났기 때문에 인생이 가치 있게 변했다. 친구가 없었기 때문에 책을 읽었다. 무시당했기 때문에 강해 질수 있었다.

잡초는 생존본능과 번식력이 강하다. 세상이 멸망한다 해도 살아남을 수 있다. 잡초정신이 필요하다. 잡초정신으로 움직여 보라. 행동해 보라. 우주가 어떻게 일하는지 지켜보라. 당신이 움직이면 우주가 일한다. 될까 안 될까 고민은 우주에게 맡겨라. 그것은 우주가 알아서 할 일이다. 일단 행동해 보라. 일단 꿈을 향해 나가보라. 값진 보상을 받게 된다. 그 성취감은 말로 표현할 수 없다. 대학에 합격한 그런 감정과는 조금 다르다. 스스로 선택해서 얻어낸 결과다. 당신의 노력보다 훨씬 큰일을 할 수가 있다. 원대한 꿈을 가지고 행동하라.

잡초는 다른 식용작물보다 씨 배출이 30배나 많다. 번식력이 대단하다. 온실의 화초는 거름을 주고 물을 주며 정성껏 보살펴 줘야 한다. 주변에서 사랑도 주어야 한다. 바라봐 주어야 한다. 사람이 옮겨 심어 줘야 번식한다. 먹이고 입히고 닦아줘야 한다. 잡초는 야생이다. 바람에 날아가 번식한다. 가뭄이나 재해에도 살아남는다. 폭풍우 속에서도 살아남는다. 사람이 뽑는다고 다 뽑히지 않는다. 잔뿌리가 남아 또 살아남는다. 그런 강인함을 배워야 한다. 강인한 잡초정신을 가져야 한다. 목표를 향해 어떤 어려움도 이겨내야 한다.

사람에게 미움 받는 잡초다. 하지만 잡초는 사람을 미워하지 않는다. 사람은 잡초를 없애려고 하지만 잡초는 사람에게 좋은 것을 준다. 잡초 중에 질경이라는 것이 있다. 질경을 차처럼 마시면 천식과 위장병, 심장병에 좋다고 한다. 대변과 소변을 잘 통하게 한다. 잡초는 사람에게 무시를 받아도 사람에게 좋은 것을 준다. 사람에게 사랑받고자 하지도 않는다. 도움을 구하지 않는다. 스스로 생명력을 유지하는 것이다. 스스로 존재하는 것이다. 강인한 생명력으로 존재한다. 꿈을 위해 살아가면 수많은 어려움을 당하게 된다. 멈출 필요 없다. 끊임없이 도전해야 한다. 한번 뿐인 인생이다. 당신의 인생은 가치 있는 것이다.

누군가에게 사랑받지 못 하고 있는가? 자신이 잡초처럼 초라해 보이는가? 당신에게 기회다. 신이 당신을 통해 일을 하기 원하시는 것이다. 사람들이 당신을 외면한다는 것은 신이 당신의 삶에 개입하겠다는 의미다. 신이 개입하면 당신의 인생은 달라진다. 인생의 밑바닥에 있다고 절망할 필요가 없다. 더 큰 힘을 통해 아름다운 꽃을 피우게 될 것이다.

PART_03
빨리 거지가
되어 보라.

"돈을 벌려는 사람들아! 거지생활을 먼저 하거라."

-무명의 사업가

북경 유학을 하는 한 유학생이 있었다. 그는 공부보다는 무역업을 꿈꾸고 있었다. 무역을 하겠다고 부친에게 2억 정도를 빌렸다.

그 이야기를 들은 성공한 사업가 선배는 후배에게 물었다.

"중국을 잘 아느냐? 그리고 거지생활 5년을 할 수 있겠느냐?"

무역 사업을 꿈꾸는 유학생 후배는 답했다.

"왜 거지생활을 합니까? 내가 돈을 벌고자 하는 것은 편하고 안락한 삶을 영위하기 위한 것인데..."

사업가 선배는 후배에게 정신 차리라고 말했다. 그 이후 만남은 점차 줄게 되었다고 한다.

성공한 사업가 선배는 이렇게 충고한다.

"한국이든 중국이든 어느 나라든 사업을 하려는 자는 5년간 배고픔을 이겨 내야 한다."고.

사업을 시작하면 2~3년 내에 2배 이상을 벌 것이라고 생각하는데 그것은 착각 이라고 말한다. 거지 생활을 해 보는 것이 성공의 비결이라고 말하면서 그 사업가는 외친다.

"돈을 벌려는 사람들아! 거지생활을 먼저 하거라"

한 살이라도 젊었을 때 거지가 되 봐야 한다. 사람들은 망하는 것을 두려워한다. 누구나 마찬가지다. 배고픔을 아는 사람은 가난이 얼마나 무서운 것인가를 안다. 그래서 자녀들을 공부시키는 것이다. 우리 세대는 배고픔을 모른다. 가난이 뭔지 잘 모른다. 이것이 우리에게는 기회다. 아무것도 모를 때 우리는 거지가 되어야 한다. 매도 먼저 맞는 것이 낫다. 배고픔이 무서워서 무언가에 도전하지 못하는 것은 젊음과 어울리지 않다. 30대, 40대가 되어서 까지 거지가 되라는 말이 아니다. 20대 젊을 때에 최대한 여러 번 거지가 되 보라는 것이다. 20대는 거지가 되어도 기회가 존재하기 때문이다. 얼마든지 다시 일어설 수 있다. 거기가 되어 고통 받는 시간이 큰 부자가 되는 밑거름이 된다.

큰 부자가 되는 것이 하루아침에 뚝딱 이루어 지지 않는다. 만만치 않다. 그래서 포기하라는 것이 아니다. 꿈을 위해서라면 얼마든지 거지가 될 각오를 하라는 것이다. 단, 빠른 나이에 거지가 되 보라는 것이다. 20대에 여러 가지 일에 도전 하고 거지가 되어 보라는 것이다. 여러 번 망하고 거지가 되 보면 깨닫는 것이 있다. 뭔가를 느낀다. 나름대로 거지가 되지 않는 방법을 알게 된다. 망하지 않는 방법을 알게 된다. 30대 이후가 되면 어떤 사업을 해도 성공만 하게 된다.

필자는 20대에 거지를 졸업하지 못했다. 증권정보회사에서 일을 했다. 회사에서 빠르게 인정받았다. 빨리 인정받는 것이 자랑스럽기도 했지만 독이 되었다. 모든 상황은 좋을 수도 있고 나쁠 수도 있다. 자만심이 생겼다. 한 템포 빠르게 독립을 했다. 투자자의 자금을 모아 직접 투자에 나섰다. 회사에서의 경험과 정보력을 가지고 도전했다. 자신감을 가지고 사업을 했지만 망했다. 거지가 되었다. 금융업에서 첫 번째 실수는 충격이 너무 컸다. 전혀 예상하지 못했던 상황이었다. 그 순간의 고통은 표현하기 어렵다. 너무나 깊은 터널이었다. 다시 일어설 수 없을 것만 같았다. 몸을 추스르고 또 도전했다. 그렇게 두 번, 세 번 까지 망하고 거지가 되었다. 투자자들의 자금이 손실되었다. 필자가 다 갚아내야 하는 빚이 되었다.

여기서 일어서지 못하면 죽는다는 각오로 다시 일어섰다. 돈의 흐름을 철저하게 분석하기 시작했다. 주식차트를 통으로 분석하기 시작했다. 한 회사의 4년 기간 차트를 분석했다. 시장의 흐름을 분석하고 필자만의 투자법을 만들어 냈다. 손실나지 않는 투자법을 만들어 냈다. 죽을 수도 있는 위기였다. 그 속에서 기회를 발견했다. 망하지 않았다면 필자만의 손실나지 않는 투자법을 발견하지 못했을 것이다. 손실나지 않는 투자법으로 다시 일어섰다. 수익이 발생하기 시작했다. 데이터가 쌓일수록 필자의 투자법은 명확해 졌다. 수익이 발생하는 투자법이었다.

작은 회사지만 사람들이 찾아오기 시작 했다. 흔히 말하는 강남아줌마였다. 아줌마들의 모임이 있다. 자금이 수십억이다. 자산운용을 해달라는 제안을 받게 되었다.

필자가 망해보지 않았다면 이렇게 까지 손실나지 않는 투자법을 연구하지는 않았을 것이다. 망하고 거지가 되고 생명의 위협을 느꼈기 때문에 죽지 않기 위해 연구를 했던 것이다. 그 결과 강남 아줌마로부터 러브콜을 받는 사람이 될 수 있었다.

어느 누가 단 한 번의 실수도 없이 모든 사업을 성공 시킬 수 있겠는가? 큰 부자가 되기 위해서는 적어도 한번은 거지가 될 수 있다. 거지가 되는 것을 두려워한다면 큰 부자가 되기는 쉽지 않을 것이다. 거지되기를 두려워하지 않는 사람은 큰 부자가 될 수 있다.

벼랑 끝에 서라.

위기는 위대한 기회다. 위기에 닥쳐봐야 새로운 돌파구를 찾는다. 살다보면 누구나 위기를 맞는다. 위기 앞에서 그 사람의 그릇을 알 수 있다. 위기에 대처하는 방법이 사람마다 다르다. 그릇의 크기가 사람마다 다르기 때문이다. 위기를 기회로 만들 줄 아는 사람이 되어야 한다. 스스로 무너지면 안 된다. 목적지에 가는 길은 오르막도 있고 내리막도 있다. 하나의 과정일 뿐이다. 오르막은 힘들고 내리막은 쉽다. 힘들고 어려운 순간이 있더라도 목적지에는 도착 할 것이다. 오르막이 인생의 끝이 아니다. 그 이후에는 여유로운 내리막이 기다리고 있다.

위기는 사람을 더 단단하게 만들어 준다. 강하게 만들어 준다. 어려움이 없이 자란 사람은 나약하다. 거센 바람을 맞은 나무가 단단하듯 사람도 마찬가지다. 위기를 맞고 있다는 것은 우주가 당신에게 새로운 기회를 주고 있다는 것이다. 더 높은 차원으로 이끌고 있다는 것이다. 포기할 필요 없다. 절망할 필요 없다. 위기가 지나면 알게 될 것이다. 위기가 큰 기회였다는 것을.

아무리 절박한 상황도 세월이 지나 보면 작게 느껴진다. 수능 점수가 생각 보다 낮게 나왔을 때 절망한다. 그때는 수능 점수가 인생의 큰 비중을 차지한다. 세월이 흘러보니 수능점수가 인생의 전부는 아니다. 그것보다 더 중요한 순간들은 많다. 인생에 더 크게 영향을 미치는 것은 많다. 막막하고 처절한 상황일 지라도 그 순간을 이겨내면 소중한 추억이 된다. 추억을 넘어 당신은 그만큼 단련 되어 있을 것이다.

위기 속에서 긍정의 말을 해보라. 우주는 당신을 적극 지지하게 된다. 필자는 음대를 가기 위해 악기를 전공했다. 가정형편상 악기를 늦게 시작했다. 음대를 가야겠다는 생각조차 못했다. 음대를 준비한 친구는 늦어도 중학생 때 시작한다. 빨리 시작한 친구는 초등학생 때부터 이미 시작한다. 필자는 고등학교 3학년을 시작한지 한참 지나서야 음대를 가야겠다고 결심했다. 늦은 것이다. 열심히 준비했다. 비싼 렛슨을 받았다. 안 되는 형편에 도전을 했다. 부모님에게 죄송한 마음에 편의점 아르바이트를 하면서 악기 렛슨비를 벌었다.

수능시험과 실기 시험이 끝났다. 결과를 기다리고 있었다. 한 학교에 합격 했을 거라는 자신이 있었다. 결과를 확인하기 위해 학교를 찾아갔다. 혼자 가도 되지만 부모님과 함께 기쁨을 나누고 싶어 같이 갔다. 합격에 자신이 있었기 때문이다. 합격 표지판을 봤다. 필자의 이름은 어느 곳에도 없었다. 보고 또 봤다. 여러 번 찾아 봤다. 이름이 없었다. 불합격 한 것이다. 놀라웠다. 그 기분이 어땠을까? '왜 부모님을 모시고 왔을까?' '부모님의 마음은 얼마나 속상할까?' '전화로 확인해도 되는데 왜 학교로 갔을까?' 만감이 교차했다. 민망하고 죄송했다. 학교가 산에 있어서 언덕이 높았다. 눈도 많이 와서 미끄러웠다. 추웠다. 마음은 더 추웠다.

　그때를 떠올려 보면 참 부끄럽다. 시간이 지난 지금은 재밌는 추억이 되어 있다. 그런 상황에서 필자는 낙담하지 않았다. 입에서 나오는 첫 마디는 "감사합니다."였다. 지금보다 더 큰일을 하기 위한 과정이라고 생각했다. 훈련이라고 생각했다. 불합격 한 것은 위기다. 위기는 기회였다. 진짜 하고 싶었던 실용음악을 바로 시작할 수 있었다. 작곡가 형님들 틈에서 음악을 시작할 수 있었다. 음대에 불합격 했다고 낙망하지 않았다. 불평하지 않았다. 위기 속에서 새로운 돌파구를 찾아보았다. 더 큰 뜻을 찾아보았다. 위기를 어떻게 극복할지를 생각해 보았다. 위기 속에는 늘 기회가 있기 마련이다.

　빨리 성공하고 싶다면 위기를 만드는 것도 하나의 방법이다. 스스로 날개를 발견하는 것이다. 벼랑 끝에 서보라. 지금 까지 살아왔던 정신과는 다를 것이다. 머리 회전이 빨라 질 것이다. 움직이는 세포수가 달라 질 것이다. 벼랑 끝에서는 삶의 방식이 다르다. 차원이 다르다. 생사가 오가는 것이다. 삶과 죽음의 경계가 모호하다. 한 번의 실수는 곧 죽을 수도 있다는 말이다. 그런 각오로 일을 한다면 지금 보다는 훨씬 큰일도 할 수 있다.

　당신의 인생이 벼랑 끝까지 갔다면 기쁘고 즐거워하라. 당신에게 준비된 날개를 펼쳐보게 될 것이다. 많은 사람들은 벼랑 끝에서 자신의 날개를 발견하지 못한다. 추락하기도 한다. 자신의 능력을 과소평가 한 것이다. 날개가 있다는 것을 모르는 것이다. 누구나 날개를 가지고 있다. 그 날개는 벼랑 끝에 서봐야 알 수 있다. 평생 발견하지 못하고 죽는 사람이 대부분이다. 당신의 잠재능력을 깨우고 싶다면 당장 벼랑 끝으로 달려가라. 한 사람의 존재는 작다. 한 사람의 노력으로 이룰 수 있는 것은 한계가 있다. 한 사람의 정신은 크다. 한사람의 정신력으로 이룰 수 있는 것은 한계가 없다. 생각의 크기만큼 큰일을 할 수가 있다. 잠재능력은 무한대다. 잠자고 있는 잠재능력을 깨워야 한다. 벼랑 끝에서 날개를 발견해야 한다.

현대그룹의 고 정주영 회장님도 항상 말했다. "살아 있는 한 희망은 있다"라고.

지금 이순간이 아무리 힘들고 고달프더라도 살아 있다면 희망은 있는 것이다. 아무리 초라하고 자존심 상한 순간이라도 시간은 지나간다. 그 시간이 지나면 또 다른 희망을 보게 될 것이다. 아무리 벼랑 끝에 있다 할지라도 살아 있다면 아직 희망은 있다. 아무리 큰 위기 가운데 있다 할지라도 살아 있다면 희망은 있다. 벼랑 끝에 몰린 새는 날개를 편다. 날개를 펴고 창공을 날아오른다. 날개를 펴고 날개 짓을 하는 것은 죽을 각오로 덤비는 것이다. 죽지 않기 위해 날개 짓을 하는 것이다. 당신이 가지고 있는 날개를 발견해야 한다. 벼랑 끝은 당신을 더 높은 차원으로 이끌어 주는 기회의 장소다.

PART 04

자신의 롤 모델을
완벽하게 카피하라.

"가장 존경하는 사람 다섯 명을 정해 그들에 대한 모든 정보를 읽어라.
그리고 그들과 비슷해지기 위해 할 수 있는 일을 적어라.
그들은 주변에 가까이 있는 멘토만큼 좋은 가상의 멘토가 될 수 있다."

－제임스 알투처 포뮬러캐피털 공동대표

성공한 사람들은 자신의 롤 모델을 가지고 있다. 자신에게 영향을
준 멘토가 존재한다. 부자가 되기를 원한다면 자신의 롤 모델을 찾아
야 한다. 자신이 닮고 싶은 사람을 찾아야 한다. 그리고 카피해야 한
다. 필자는 닮고 싶은 롤 모델을 꿈의 노트에 기록했다. 사진도 붙여
놓았다. 각각의 롤 모델마다 장점만 모아서 카피했다.

자신의 롤 모델을 카피 하는 방법은 여러 가지가 있다. 롤 모델이 주
변에 있는 사람도 있지만 그렇지 않은 사람이 더 많을 것이다. 그럴 때
는 그 인물의 책을 통해 카피하는 방법이 있다. 그 인물에 대한 관련
책을 읽어 보는 것이다. 대략 10권정도 읽어보면 그 인물에 대한 객관
적인 판단을 해 볼 수 있다. 배우고 싶은 점이나 닮고 싶은 점을 카피

하는 것이다. 단순히 읽고 끝나는 것이 아니고, 꿈의 노트에 기록을 해야 한다. 읽고 또 읽다보면 자신도 그렇게 닮아가게 된다. 마치 이루어진 것처럼 행동하면 비슷해진다. 닮고 싶은 인물처럼 생각하고 행동해보라. 그 인물처럼 되어 가는 것을 느낄 수 있을 것이다.

자신의 롤 모델을 카피 하는 더 적극적인 방법이 있다. 직접 찾아가는 것이다. 자신이 닮고 싶은 훌륭한 인물을 만나는 것이 생각보다 쉽다. 그렇게 불가능 하지 않다. 마음먹기다. 만나고자 하면 얼마든지 기회는 존재한다. 어렵게 성공한 사람들은 대부분 마음 문이 열려있다. 자신을 닮고 싶다고 찾아온 사람을 문전박대 하지 않는다. 무작정 찾아가는 방법도 있지만 공식적인 절차를 통해서도 자신의 롤 모델을 얼마든지 만날 수 있다. 문을 두드리면 열린다. 직접 찾아가 보고 만나보아야 한다. 인터넷 검색을 통해서도 그 인물을 만날 수 있는 방법을 찾을 수 있다.

필자는 20대에 엔터테인먼트에서 일했다. 거기서 큰 성공을 이루는 것도 하나의 목적 이였다. 또 하나의 목적은 수많은 성공한 부자를 만나는 것이었다. 평범한 가정에서 태어난 필자의 주변에는 보통사람만 있었다. 큰 부자가 되고 싶었던 필자는 주변에서 롤 모델을 찾을 수가 없었다. 각각의 사람마다 배울 점은 다 있다. 하지만 롤 모델은 될 수가 없다. 엔터테인먼트 회사에서 일을 하면 큰 부자를 만날 수 있을 거라는 생각은 적중했다. 잘 알겠지만 엔터테인먼트 회사는 사무실이 강남에 많이 있다. 투자자들은 강남의 큰손이 많다. 건설회사 회장님도 많다. 필자가 몸담았던 회사도 건설회사가 소유하고 있는 엔터테인 먼트 회사였다. 사무실에 놀러 오신 보통 아줌마가 강남 큰손이었다. 수백억대 자산가다. 매일 보고 인사하는 직장 상사 회장님이 백억 대 자산가다. 옆에 테이블에서 밥 먹고 계신분이 빌딩 수십 채를 보유하 고 있는 수백억 대 자산가다. 사무실에서 부대끼는 사람이 TV에서만 보았던 잘나가는 연예인이다. 같은 미용실 옆에 의자에서 머리 자르고 있는 사람이 거대 기업의 회장님이다. 한 테이블에서 같이 식사 하시 는 분이 방송국 예능 국장이다. 한방에서 모임을 갖는 분들이 유력 정 치인이고, 각종 스포츠 협회의 회장님들이다. 주변에 온통 성공한 사 람들로 채워졌다. 이것이 가장 강력한 동기부여가 되는 것이다. 수백 억 대 자산가 밑에서 부딪히고 깨지고 혼나면서 배우는 것이다. 자존 심도 상하고 자신이 한없이 초라해 보일 때도 있다. 억울하고 분할 때 도 있다. 부자 밑에서 부자를 카피하는 것이 부자가 될 수 있는 가장 빠른 길이다.

혹자는 수백억대 부자라고 하면 먼 이야기로 들릴지 모르겠다. 주 변에 온통 수백억대 부자들로 채워보라. '나는 왜 아직도 백억 대 부자 가 아닐까?' 돌아 볼 수밖에 없다. '이제 부터라도 시작 해야겠다.' 라 는 동기부여가 저절로 된다.

우리가 너무나 사랑하고 잘 아는 차두리 선수가 있다. 차두리 선수 의 롤 모델은 자신의 아버지 차범근 선수다. 차두리 에게 아버지는 너 무 큰 존재였다. 닮고 싶은 롤 모델 이였다.

차두리는 말한다.

"아버지의 명성에 도전 했고, 더 잘하고 싶었다."

아버지의 존가재감은 너무 컸고 엄청난 부담감을 주었지만 차두리는 좌절하지 않았다. 계속해서 도전 했다. 결과적으로 차범근을 넘어서지는 못했다.

차두리는 "아버지의 큰 아성에 도전을 했는데 실패한 것에 대한 아쉬움이 있다. 이놈의 축구 아무리 잘해도 아버지 근처를 갈 수 없어 속상하기도 했다." 라고 말했다.

이어 차두리는 "아버지는 축구적으로 가장 닮고 싶은 선수였고, 가장 존경했고, 롤 모델로 생각했다." 라고 말했다.

축구의 레전드 아버지를 넘어서진 못했다. 큰 산 아버지라는 롤 모델이 있었기에 지금의 차두리 선수가 있는 것이다. 어느 누가 차두리를 실패한 축구선수라고 기억하겠는가? 보통 선수들은 넘어설 수 없는 명성과 성공을 이룬 축구 선구가 되었다.

지금 부터라도 롤 모델을 만들어야 한다. 그리고 카피해야 한다. 그 스승을 뛰어 넘기는 쉽지 않다. 구름을 맞추겠다는 심정으로 돌을 던지면 그곳까지 닿지 않더라도 더 멀리 던질 수 있다. 자신의 롤 모델을 찾아가야 한다. 직접 느끼고 체험하는 것만큼 큰 교육은 없다. 느끼고 잊어버리는 것은 아무짝에 쓸모없다. 자신의 마음을 갈고 닦아 반드시 나도 성공하리라는 결심을 해야 한다. 주변에 부자들을 포진 시켜라. 자신도 모르는 사이에 부자 마인드가 되어 있을 것이다.

KEY
POINT
2-04

요즘은 많은 사람들이 롤 모델을 찾고 있다. 하지만 어려움이 많다. 자신이 무엇을 하고 싶은 지도 모르기 때문이다. 명확하지가 않다. 당신이 무엇을 할 때 가슴이 뛰는지 살펴보아야 한다. 부자가 된 사람들은 다 이유가 있다. 부모로부터 재산을 물려받은 부자도 있을 것이다. 그런 경우는 제외하고 스스로 부자가 된 사람은 이유가 있다. 남들보다 열배 더 열심히 살아서 부자가 된 것은 아니다. 더 열심히 산 것이 전부는 아니다. 대한민국 사람 중에 열심히 살지 않는 사람이 몇 명이나 되는가? OECD국가 중에 가장 노동시간이 긴 나라이다. 열심히 살아서 부자가 될 거 같았으면 대한민국 국민은 대부분 부자로 살아야 정상이다. 그렇지 않다. 부자가 된 사람들은 그들만의 노하우가 있다. 부자가 되기까지 어려움이 많았을 것이다. 포기하고 싶은 순간들도 많았을 것이다. 생명의 위협도 여러 번 느꼈을 것이다. 그 모든 과정을 거치고 부자가 된 것이다. 불굴의 의지로 부자가 된 것이다. 위기를 극복하고 끊임없이 노력해서 부자가 된 것이다. 어려움을 통과하고 부자가 되었을 때 깨달음이 있었을 것이다. 부자가 되는 방법을 깨달은 것이다. 저마다의 부자 되는 노하우를 가지게 된 것이다. 부자가 되기까지는 수많은 어려움이 있었지만 부자가 되 보면 부자 되는 것이 어렵지 않다는 것을 알게 된다. 부자는 그 노하우를 가지고 있다. 그것을 카피해야 한다. 부자가 겪었던 어려움을 똑같이 격어 보라는 것이 아니다. 부자는 수십 년 동안 돌고 돌아서 온 길이다. 많은 시행착오를 격어서 온 길이다. 부자는 지름길을 알고 있다. 겪지 않아도 될 어려움은 패스해야 한다. 부자의 노하우를 카피하면 가능하다. 어떤 사람이 부자가 되기까지 10년이 걸렸다고 가정해 보자. 그 부자를 카피한다면 어찌되겠는가? 구지 실패를 경험하지 않고 짧은 시간 안에 부자가될 수 있다. 시간을 벌라는 것이다.

자신이 닮고 싶은 부자가 어떤 인생관을 가지고 있는지 카피해야 한다. 어떤 노하우를 가지고 부자가 되었는지 이야기를 들어보는 것만으로도 배울 것이 많다. 학교에서 배우는 것과는 차원이 다르다. 피가되고 약이 되는 것이다. 결정적으로 돈이 되는 것이다. 강연이나 세미나를 찾아다니는 것도 하나의 방법이다. 할 일이 없다고 잘하는 것이 없다고 답답해 할 필요가 없다. 움직이면 생각이 달라진다. 머물러 있으면 우울해 진다. 성공한 사람들의 강연을 들으면 에너지를 얻게 된다. 동기부여가 될 것이다. 책이라도 한권 더 읽고 싶어 질 것이다. 그러면서 자신을 자극시켜 가면 된다. 부자들의 생생한 경험담을 들어보면 자신이 앞으로 어떻게 살아가야 할지 생각하게 된다. 꿈꾸게 된다.

필자는 지방 출장이 많다. 부자들의 모임을 마치고 출장을 갈 때면 잠을 못 잔다. 장거리 출장 할 때는 버스에서 잠을 자야하는데 말이다.

만났던 부자를 카피하기 위해서다. 생각으로 카피하는 것이다. 인생관을 카피한다. 사고방식을 카피하고 철학을 카피한다. 필자의 사업에도 적용을 해본다. 아이디어를 떠올려 본다. 다음 사업을 구상해 본다. 5년, 10년 후 모습을 상상해 본다. 부자를 만나고 오면 아이디어 뱅크가 된다. 상상하다가 메모장에 기록한다. 또 사색에 잠겼다가 메모장에 기록한다. 부자를 카피하고 미래를 상상하고 메모장에 기록하다보면 시간이 빨리 지나간다. 잠을 못자서 피곤하지만 마음은 풍요롭다. 수십 권의 책을 읽고 내린 것 같은 기분이 든다. 부자를 만나 대화를 나누는 것만으로도 큰 동기부여가 되고 자극이 된다. 책 열권 읽는 것과 같은 효과를 낸다.

자신의 롤 모델을 완벽하게 카피해야 한다. 완벽하게 카피하기 위해서는 선택과 집중이 필요하다. 롤 모델이 너무 많다면 카피하는데 어려움이 따른다. 자신의 5년, 10년 후 모습을 상상해 보라. 누구처럼 되고 싶은가? 그 사람이 당신의 롤 모델이다. 정확한 롤 모델이 떠오르지 않는다면 당신의 인생 목표가 정확하지 않다는 것이다. 선택과 집중이라는 것은 전략의 핵심요소다. 훌륭한 음악가가 되고 싶다면 같은 분야의 롤 모델을 찾는 것이 유리하다. 자신의 꿈은 축구 선수인데 롤 모델은 야구선수 이승엽 이나 피겨스케이팅 선수 김연아 라면 곤란하다. 롤 모델은 명확해야 한다. 단순해야 한다. 롤 모델을 100% 카피한다고 해도 그 사람과 똑같을 수는 없다. 사람은 다 다르기 때문이다. 자신의 롤 모델과 너무 똑같지 않나 고민하지 않아도 된다. 자기만의 색깔이 있다. 완벽하게 카피 할수록 좋다.

선택과 집중이라는 것은 어떤 것은 선택하고 어떤 것은 버린다는 의미다. 큰 부자가 되고 싶으면서 성직자가 꿈이 될 수는 없다. 잘 할 수 있는 것에 승부를 거는 것이다. 힘을 집중시키는 것이다. 운동을 잘한다면 공부를 포기하는 것이다. 운동으로 승부를 보는 것이다. 한곳에 집중을 하는 것이다. 훌륭한 스포츠 선수가 되고 싶으면서 동시에 학자가 꿈이 될 수는 없다. 둘 중에 하나는 과감하게 포기 하는 것이다. 효율이 떨어지는 것은 과감하게 포기하는 것이다. 키가 크지 않으면서 농구 선수 하겠다고 많은 시간을 투자한들 성공할 수 있겠는가? 농구 선수로써 큰 부를 이룰 수 있겠는가? 효율이 떨어지는 것이다. 필자는 과감하게 공부를 포기했다. 좋은 대학을 나와서 대기업에 취직 할 자신이 없었기 때문이다. 효율이 떨어지는 것은 과감하게 포기했다. 빨리 포기했다. 집중이라는 것은 수십 가지의 좋은 아이디어도 버리는 것이다. 포기하는 것이다. 집중이라는 것은 어떤 것을 선택하는 것이 아니다. 많은 것을 포기하는 것이다. 인생의 롤 모델도 마찬가지다. 명확하고 단순할수록 좋다.

우리는 수많은 결정을 하고 살아간다. 다 갖고 싶어 한다. 안정적인 공무원도 되고 싶어 하고 부자도 되고 싶어 한다. 대기업에 취직을 하고 싶어 하고 시간을 자유롭게 쓸 수 있는 사업도 하고 싶어 한다. 선택과 집중을 못하는 이유는 욕심 때문이다. 버렸을 때 더 큰 것이 채워진다. 수많은 선택이 쌓이고 쌓여서 자신의 삶이 결정된다. 모든 사람에게는 동일한 시간이 주어져 있다. 어디를 향해 가고 있느냐가 중요하다. 어디에 집중을 하고 있느냐가 중요하다. 무엇을 포기했느냐가 중요하다. 그 시간을 어떻게 보냈느냐가 중요하다. 모든 것은 자신이 선택하는 것이다. 우리는 살아가면서 모든 것을 다 가질 수는 없다. 집중해서 가지고자 한다면 그에 따르는 대가도 지불해야 한다. 포기할 것이 생기는 것이다. 세상은 시간이 흐를수록 세분화 되어 간다. 직업도 세분화 되어 간다. 사라지는 직업들도 많지만 새로 생기는 직업들도 많다. 세분화 되어 가는 것을 다 가지려는 것은 욕심이다. 쪼개고 또 쪼개야 한다. 롤 모델도 쪼개고 쪼개는 것이다. 완벽하게 카피하기 위해서 이다.

부자가 되는 것도 선택과 집중이 필요하다. 부자가 되는 길은 수백 가지가 넘을 것이다. 투자도 마찬가지다. 아파트도 사고 상가도 사고 땅도 사고 주식도 살 수 있다면 얼마나 좋겠는가? 투자하는 것도 선택과 집중이다. 어떤 길을 탈 것인지 선택해야 한다. 어떤 사람을 롤 모델을 세울지 선택해야 한다. 공부로 부자가 된 사람을 카피할지 운동으로 부자가 된 사람을 카피할지 선택해야 한다. 롤 모델을 선택하고 카피하면 시행착오를 줄일 수 있다. 빠른 시간에 부자가 될 수 있다. 선택과 집중으로 부자가 되는 고속도로에 올라타야 한다. 당신의 롤 모델을 완벽하게 카피하라.

PART 05

35세 CEO를
목표로 하라.

"만약 당신이 자신의 인생 계획을 만들지 않으면 다른 사람의 인생 계획
에 들어가게 될 것이다."

-짐론

당신이 진정으로 부자가 되기를 원하는가? 5년 내에 CEO가 될 수
있는 곳에서 일을 해라. 지금 일하는 곳에서 5년 내에 CEO가 될 수 있
겠는가? 그렇지 않다면 당신은 훌륭한 직장인은 될 수 있지만 큰 부자
가 되기는 어려울 것이다. 큰 부자가 되는 방법은 어렵지 않다. 부자가
될 수 있는 영역에서 5년 내에 CEO가 되는 것이다.

대부분의 사람들은 좋은 학교를 졸업해서 대기업에 취직하기를 원
한다. 대기업에 취직을 하면 집안 잔치가 열린다. 취직한 사람들 스펙
을 보면 누가 봐도 엘리트다. 천재 수준의 스펙을 가져야 대기업에 들
어 갈수 있다. 대기업이라는 좁은 문을 들어가기 위해 수백 대 일의 치
열한 경쟁을 펼치고 있다. 대기업에 들어가기 위해 공부에 투자한 돈
이 수천만 원에서 많게는 수억 원이 넘어 간다.

요즘은 취업이 어려워지면서 너도나도 공무원 시험에 몰리고 있다. 서울의 명문대학교 출신들도 상당수 있다. 경쟁률은 해가 넘어 갈수록 더 심각해지고 있다. 공무원과 대기업 직원은 꼭 필요한 존재다. 그 분들이 없으면 사회가 돌아 갈 수 없다. 그렇다 하여 모두가 그 것을 위해 몰릴 필요는 없다. 다른 대안이 없는 것이 아니기 때문이다. 대기업과 공무원, 그 사명을 가지고 있는 사람이 하면 될 것이다. 필자가 수억을 투자해서 공부를 하고 수백 대 일의 경쟁률을 뚫고 대기업에 취직할 가능성 보다 큰 부자가 될 가능성이 훨씬 크다. 필자는 대기업에 취직하는 것이 불가능에 가깝다. 큰 부자가 되는 것은 불가능 하지 않다. 대기업에 입사 할 정도의 노력과 열정이면 큰 부자가 되고도 남는다. 다만 선택과 길이 다른 것이다. 모두가 가는 공무원과 대기업 취직의 길은 무에서 큰 부자가 되는 것보다 훨씬 어렵다. 대다수가 걷고 있는 길이기 때문이다.

　어떤 일을 해야 5년 내에 CEO가 될 수 있을까? 대표적으로 엔터테인먼트, 금융, 유통, 무역, 명품사업, 수입자동차 딜러, 부동산컨설팅, 건설 분야이다. 각 분야의 훌륭한 스승 밑에서 5년 내에 CEO가 되겠다는 마음으로 일을 하면 얼마든지 가능하다. 능력만 있다면 더 빠르게 CEO가 될 수도 있다. 이 영역에서 큰 부자들이 나온다. 다른 방법으로 부자가 된 사람들도 많다. 이 외에도 큰 부자가 탄생하는 영역은 무수히 많이 있다. 여기서는 누구나 접근 가능한 직업을 나열했다.

　모든 사업의 기본은 마케팅이다. 누군가를 설득해서 물건을 팔아야 하는 것이다. 사업은 곧 영업이다. 자동차를 잘 파는 사람은 어떤 상품을 맡겨도 잘 판다. 처음에는 누구나 다 어렵다. 익숙하지 않다. 고객을 찾는 것도 고객을 설득하는 것도 만만치 않다. 그 단계를 뛰어 넘어야 한다. 고객에게 필요한 물건을 가장 좋은 것으로 연결 시킬 수 있는 능력이 있어야 한다. 그 능력을 개발해야 한다. 영업능력은 그 사람을 성장 시킨다. 부자가 나오는 직업은 본인의 능력만큼 가져가는 것이다. 열심히 하는 만큼, 잘하는 만큼 가져가는 것이다. 열심히 하지 않으면 굶을 수도 있다. 가족을 책임져야 하는 사람이라면 가족이 곤경에 처할 수도 있다. 이런 절박함이 있어야 한다. 한 달 지나면 따뜻하게 월급 나오는 그런 일이 아니다. 절박함이 동기를 부여하고 자신을 채찍질 하게 된다.

부자가 나오는 직업군에 들어가면 일이 년은 후회 할 수도 있다. 후회를 넘어 포기하는 사람도 있다. 10명중에 8명은 일반 직장으로 가는 경우가 많다. 그곳에서 살아남아야 한다. 9부 능선이다. 그 곳을 넘어야 부자가 될 수 있는 길에 올라설 수 있다. 많은 시련과 어려움이 있을 수 있다. 그래도 수백 대 일의 경쟁률을 뚫고 대기업에 들어가는 것보다는 쉬울 것이다.

신발제조 회사의 영업 사원 두 명이 아프리카 시장 조사를 갔다고 한다. 아프리카 공항에 도착한 순간 한 영업사원은 모든 사람이 맨발로 다니는 나라에서 신발 판매는 어렵겠다고 단정 했다. 또 다른 영업사원은 모두가 맨발로 다니고 있으니 개척할 시장이 크겠다고 판단했다. 팔수만 있다면 대박이 날 수 있겠다고 생각한 것이다. 결과는 우리 모두가 잘 알고 있다. 새로운 시장을 개척한 것이다. 두 영업사원의 5년 후 모습이 궁금하지 않은가? 어떤 영업사원이 부자가 되었을까? 세상모든 것이 마찬가지다. 생각의 차이다. 모든 것이 어렵고 불경기다. 이 속에서도 부자는 계속해서 탄생하고 있다.

필자는 내성적이다. 엔터테인먼트에서 일을 했지만, 사람들 앞에서 노래하는 것이 제일 고통스러웠다. 직원들과 노래방에 가는 것이 도살장에 끌려가는 심정이었다. 이런 사람도 부자가 되겠다는 열정으로 성격을 바꾸어 나갔다. 지금도 노래방은 싫다.

창업 컨설턴트 회사에서 일 할 때었다. 창업을 하고 싶어 하는 고객을 찾았다. 그 고객이 필요로 하는 사업을 찾았다. 영업을 잘 한 다는 것이 고객을 속여서 판다는 것이 아니다. 말을 잘해서 그 순간 혹하게 만들어서 판매하는 것이 아니다. 그것은 하수다. 고수는 고객이 필요한 것을 알고, 가장 좋은 것을 연결해 주는 것. 그것이 영업을 잘 하는 것이다. 필자는 모든 것을 고객에게 오픈 했다. 단점을 가리지 않았다. 장점뿐만 아니라 단점까지 모두 오픈했다. 베스트 상품과 두 번째 세 번째 상품을 제시했다. 모두가 장단점이 있다. 고객이 선택을 하는 것이다.

필자의 영업 방식과 회사의 방침은 조금 달랐지만, 입사한지 한 달이 되기 전에 큰 계약을 이루어 냈다. 업계가 비수기이고 경기가 안 좋은 상황에서 말이다. 계약 이후로 회사에서 인정을 받고 필자의 방식을 이해해 주었다.

지금은 직장인도 들판의 잡초다. 그만큼 힘들다. 스트레스도 크다. 개인 여가 시간은 꿈 꿀 수도 없다. 부자를 꿈꾸는가? 인생의 자유를 꿈꾸는가? 부자가 될 수 있는 직업에서 꿈을 펼쳐 보아라. 누구나 부자가 될 수 있다.

CEO는 자유롭다.

한국의 CEO는 개인적인 역량이 탁월하다. 부지런함은 세계 최강이다. 하지만 자기계발에 투자할 시간은 없다. 부지런 한 만큼 너무 바쁘다. 바꾸어야 한다. 장기적으로 경쟁력이 떨어질 수밖에 없다. 자유로운 CEO를 꿈꾸어라. 사람을 만나고 대화하고 책을 읽는 것이 업무의 일부가 되어야 한다. 삶의 일부가 되어야 한다. CEO의 자기계발은 성격이 다르다. 직원들과 소통하는 것이다. 현장의 소리를 듣는 것이다. 발로 뛰는 것이다. 뛰면서 생각하는 것이다. 직원들과 소통하는 시간이 자기계발의 시간이다. 대화를 함으로써 새로운 사고방식을 만드는 것이다. 젊은 피를 수혈 받는 것이다. 책을 통해서 시야를 넓힌다. 머물러 있지 않아야 한다. 새로운 것을 알아가는 것이 CEO의 자기 계발이다. 삶의 일부분이 자기 계발이다. 사람들과 대화하고 책을 읽었다면 조용한 시간을 따로 가져야 한다. 사업전략을 세우는 시간이다. 사업구상을 하는 시간이다. 머릿속에 들어온 데이터를 정리하는 시간이다. 아이디어가 넘쳐 날 것이다. 메모를 하고 기록을 해야 한다. 일이 많아질수록 필사적으로 자신만의 자유 시간을 확보해야 한다. 일을 많이 하는 사람이 잘 하는 것은 아니다. 효율적으로 일 하는 것이 잘

하는 것이다. 자유 시간을 통해 에너지를 보충하고 생각을 정리해야 한다. 여유 속에서 아이디어가 나온다.

사람을 만나는 것이나 책을 읽는 것, 사색하는 것이 일이 아니다. 즐기는 것이다. 일과 노는 것의 경계가 없다. 자유로운 것이다. 사람 만나는 것이 일처럼 느껴지지 않는다. 삶에 지쳐있는 것이 아니다. 생동감 있다. 머물러 있지 않고 계속 흐르기 때문이다. CEO는 끊임없이 학습한다. 구습을 벗어버리기 위해 노력한다. 배움은 끝이 없다. 배움은 학교에서 끝나는 것 같지만 사회에서 시작되는 것이다. CEO는 경영 방식에 대한 공부 보다는 인간에 대한 공부를 한다. 중요한 것은 인간이다. 인간을 이해하는 데 필요한 책을 읽는다. 자신을 이헤하고 직원들을 이해하기 위해 노력한다. 회사 일 뿐 아니라 문학과 철학에 대한 폭넓은 배움을 위해 노력한다. CEO는 움직이는 것이다. CEO의 자리는 회사를 경영 하는 것이고 인생을 경영하는 것이다. 모든 것을 본인이 선택을 하는 것이다. 그 선택에 대한 책임도 본인이 지는 것이다. 인생을 자신이 선택하고 결정하는 것이다. 인생을 경영하는 것이다. 잘 못 선택하면 엉뚱한 곳으로 가기 때문에 긴장해야 한다. 늘 새롭게 변화할 수밖에 없고 배울 수밖에 없다. 직원일 때와는 차원이 다른 자기계발이 이루어진다.

당신도 CEO처럼 자유롭고 싶은가? CEO처럼 차원이 다른 자기계발을 하고 싶은가? 그렇다면 목표를 세워야 한다. 인생설계를 해야 한다. 평생플랜을 세워야 한다. 지금 몸담고 있는 회사에서 언제까지 일

할 것인지 계획을 세워보라. 어느 자리까지 올라갈지 계획해 보라. 날짜와 함께 적어 놓는 것이 좋다. 목표를 세워 놓으면 마음 자세가 달라진다. 누가 시켜서 일하게 되지 않는다. 일을 찾아서 하게 된다. 하나라도 더 배워야 하기 때문이다. 타부서 일까지 넘보게 된다. 그것을 알아야 회사 돌아가는 것을 파악할 수 있기 때문이다. 일이 재밌어 질 것이다. 내 일처럼 느껴질 것이다. 직장 상사와 스트레스가 다른 관점으로 다가올 것이다. 몇 년 후에는 여기 없을 것이고 나만의 사업을 시작할 것이기 때문에 스트레스를 덜 받는 것이다. 평생 그 속에서 살아야 한다고 생각하면 그것만큼 불행한 일은 없을 것이다. 그곳에서 배울 수 있는 것은 다 배워야 한다. 독립을 해야 하고 CEO가 되어야 하기 때문이다. 독립할 생각으로 일하다 보면 회사는 당신을 잡기 위해 노력하게 된다. 놀라운 일이다. 회사에서 퇴직 당하지 않기 위해 일하면 회사는 당신을 밀어낼 것이다. 죽고자 하면 살고 살고자 하면 죽는 것이다. 나가고자 하면 당신을 붙잡을 것이고 머물러 있고자 하면 회사는 당신을 밀어 낼 것이다. 마음자세가 중요하다. 언제든지 독립할 준비를 해야 한다. 당당해 질 수 있다. 독립을 하려면 얼마나 많은 노력을 해야 하겠는가? 회사에서 실적도 보여줘야 한다. 몸담고 있는 회사에서 실적을 못 내는데 독립한다고 더 좋은 결과가 나올 수 있겠는가? 당신의 사업능력을 테스트해 보아야 한다. 당신의 능력을 입증해야 한다. 그곳에서 인정을 받으면 독립을 해도 살아남을 수가 있다.

목표를 달성하고 싶다면 무조건 실천하라고 말하는 사람이 있다. 안토니의 김원길 대표다. 그는 중졸 신화로 유명하다. 중학교를 졸업

한 사람이 연매출 500억대 제화업의 CEO가 된 것이다. 학력이 전부가 아니다. 그는 영등포 구둣가게에서 일을 했다. 구두기술자로 전성기를 달렸다. 실력을 인정받은 것이다. 관리와 영업업무도 배웠다. 독립의 목표를 세웠다. 회사를 세웠다. 작은 구둣가게에서 일을 하면서 독립을 생각했던 것이다. 목표를 가지고 있었다. 목표가 있었기 때문에 스스로 열심히 일했다. 시켜서 한 것이 아니다. 1990년에 독립한 김원길 대표는 2010년 이탈리아에 수출을 했다. 지금은 세계 1등 회사를 만드는 것이 그의 목표다. 그는 자신의 목표를 충분히 달성할 수 있다고 생각한다. 그는 직원들의 행복과 사회에 도움을 주는 것도 하나의 목표다. 어려운 학생들에게 장학금을 지급하고 독거노인에게도 효도잔치를 열어준다. 사회에 기여하고 봉사했더니 매출은 더 올랐다. 해년마다 20% 이상 매출이 성장하고 있다. 김원길 대표는 말한다. "성공할 수 있었던 이유는 단순합니다. 실천에 옮겨야 무엇이든 이룰 수 있습니다." 라고.

부자가 되는 과정만큼 재밌는 것은 없다. 일하는 것이 재미있고 흥분된다. 자신의 모든 능력과 상상력을 발휘한다. 숨 막히는 직장에서도 자신만의 즐거움이 있다. 희망이 있기 때문이다. 이 과정을 통해 성장할 것을 알고 있기 때문이다. 목표가 있어 도전적이 되고 적극적인 사람이 된다. 억지로 일하는 것이 아니다. 자신이 선택해서 한다. 자신의 실력을 보여주기 위해 노력한다. 실적을 보여주기 위해 노력한다. 미래에 대한 꿈이 있기 때문에 자신의 모든 것을 쏟아 낸다. 자발적인 행동으로 매력 있는 사람이 된다. 끌리는 사람이 된다. 인정받는 사람이 된다. 회사에서 시키는 일만 하는 일벌레가 되는 것이 아니다. 열정과 재능을 불사르는 것이다. 회사는 당신을 일벌레로 취급할 수도 있다. 그런 회사를 만족시켜줄 필요는 없다. 즐겁게 일해야 한다. 회사는 당신을 미워 할 수도 있겠지만 스스로 성장해야 한다.

자유로운 CEO의 길을 선택하라. 차원이 다른 자기계발을 경험해보라. 인생이 달라질 것이다. 부자가 되는 길이다. 스스로 선택하는 입장에 서야 한다. 시키는 일을 하는 사람보다는 모든 것을 본인이 결정하고 책임을 지는 입장에 서야 한다. 자신의 인생을 스스로 경영하는 것이다. 이것만으로도 가슴 떨리지 않은가? 자신의 삶을 개척해 가는 것이다. 부자가 되는 길이다.

35세 10억
회사 주인이
되는 길

PART 01

큰물에서
놀아라.

"큰 나무 밑에 나무는 이로울 게 없고, 큰 사람 밑에 사람은 유익함이 많다"

-무명

큰 사람이 되고 싶다면 큰 사람 밑에 있어야 한다. 큰 부자가 되고 싶다면 큰 부자 밑에 있어야 한다. 큰 나무 밑에 있는 나무는 물과 햇빛을 충분히 공급받지 못해서 큰 재목으로 자랄 수 없다. 사람은 그렇지 않다. 큰 사람과 함께 있으면 그 사람의 행동과 습관들을 배울 수 있다. 더 나아가 그 사람의 은혜도 받을 수 있다.

자장면 집에서 배달 일을 잘 하면 자장면을 그냥 먹을 수 있다. 아파트 분양 사무실에서 일하면 저렴한 가격에 분양을 받을 수도 있다. 창업 컨설턴트 사무실에서 일하면 돈 되는 좋은 아이템의 사업을 저렴한 가격에 인수 받을 수도 있다. 물의 크기의 차이다. 우물물에서는 모든 것을 다 얻는다 해도 우물물 크기밖에 얻을 수 없다. 바다에서는 자신의 능력 이상의 것을 얻을 수가 있다. 한계가 없다. 자신의 그릇만큼 원하는 데로 얻을 기회가 있다.

큰 부를 이룰 수 있는 영역은 큰물이다. 엔터테인먼트, 금융, 유통, 무역, 명품사업, 수입자동차 딜러, 부동산 컨설팅, 건설 모두 큰물이다. 산업 자체가 큰물이기도 하지만 그곳에 큰 사람이 많이 있다. 각각 다른 영역 같아 보이지만 모두 하나의 끈으로 연결 되어 있다. 필자가 엔터테인먼트에 일을 했던 이유도 명백하다. 성공을 해서 큰 부자가 되는 것이 하나의 목표였다. 이것은 확률이 낮은 승부이다. 또 하나의 목표는 큰 사람을 만나는 것이었다. 큰 부자와 교류하는 것이 목표였다. 그것이 더 큰 목표였다. 그곳에서 큰 성공의 확률은 낮지만 큰 부자를 만날 수 있는 확률은 매우 높다. 엔터테인먼트에서 일할 만한 충분한 명분이 있는 것이다.

필자가 일했던 엔터테인먼트 회사는 건설시행사가 소유한 자회사였다. 엔터테인먼트사의 아티스트로 활동을 하면서 시행사의 프로젝트에 같이 참여하기도 했다. 사업의 규모가 상상을 초월한다. 보통 시에서 추진하는 공사의 시행을 참여 했다. 수도권 도시의 만평 이상 규모의 공원 개발을 참여 하고, 강남에 아파트 개발 프로젝트도 참여를 하게 되었다. 개발규모는 최소 수백억 단위의 프로젝트다. 필자의 호주머니에는 지하철 요금 몇 백 원 짤랑거리면서 다니던 시절 이였다. 어찌 보면 알맹이는 없고 겉만 화려한 것처럼 보일 수도 있다. 그런 환경에서 지내면서 필자의 생각 크기는 무한대로 확장 되었다.

회사의 회장님은 수백억대 부자였다. 절대 하루하루 모아서 자산을 이루지 않았다. 회장님이 하는 일이라고는 맨 날 해외 놀러 다니는 것 밖에 없었다. 강남스타일이었다. 강남의 대표적인 부자 스타일이었다. 회장님 주변에는 수백억대 부자가 너무 흔했다. 그렇기 때문에 회장님도 수백억대 자산을 이룰 수 있었다. 늘 보고 배웠을 것이다. 옆 사람이 돈 버는 모습을 보고 따라했을 것이다. 필자는 회장님을 모시면서 부자가 되는 방법을 카피해 갔다. 물론 하루아침에 카피 할 수 있는 것이 아니다. 내공이 쌓여야 한다. 지금 상황에서 필자가 회장님과 똑같은 행동을 한다면 거지되기 딱 좋을 것이다. 하지만 어떻게 해서 회장님이 큰 부자가 되었는지 그 길은 알 수가 있다. 필자도 그 길을 가는 중이다.

"큰물에서 놀고, 큰 무대에서 일하라" 고 말하는 사람이 있다.

그녀는 CNN과 뉴욕타임스를 거친 국제 언론인이다. 서울 G20 정상회의 준비위원회의 대변인으로 활동 했고, 국정 홍보 전문가로 잘 알려진 아리랑 TV의 손지애 대표이다.

타성에 젖지 않기 위해 언제나 새로운 일을 찾아 도전 하고 있다. 지금까지와는 또 다른 큰물에 몸을 던지고 있다. 자기 자신을 끊임없이 채찍질 하며 달려가고 있다. 그렇기 때문에 지금의 성공한 언론인 손지애 대표가 존재하는 것이다.

큰물에서 놀다보면 생각의 크기가 달라진다. 의식이 무한대로 확장된다. 돈을 어떻게 벌어들이는지 알 수 있게 된다. 수백억대 부자는 어떻게 탄생되는지를 지켜 볼 수 있다. 큰물에서 온 몸을 흠뻑 적셔야 한다. 온 몸으로 흡수시켜야 한다. 그들과 어울려야 한다. CEO 모임이 있다면 그곳에 적극적으로 참여해야 한다. 본인의 능력은 조금 부족할 지라도 모두가 동참하여 사업을 추진한다면 큰 시너지를 얻을 수 있다. 혼자의 힘으로 사업을 한다면 수천 만 원, 수억 원 규모의 사업을 생각할 수밖에 없다.

CEO 모임에 참여한 사람들 중에는 금융회사의 지점장이 흔하다. 한 달에 소득이 2천만 원 넘는 CEO가 흔하다. 프랜차이즈 본사 CEO들 도 흔하게 만날 수 있다. 그들과 대화하고 어울리다 보면 자신보다 훨 씬 큰 아이디어를 얻을 수 있다. 작게는 레스토랑 프랜차이즈 사업부터 크게는 수천억대 프로젝트에 참여할 수 있는 기회도 얻을 수 있다.

어떤가? 당신이 이런 환경에서 10년 이상을 지냈다고 생각해 보라. 35세에 10억대 자산을 보유한 회사의 주인이 되어 있다는 것이 이상한 가? 대단해 보이는가? 매우 초라해 보이지 않은가? 그런 환경에서 지 내면서 어떻게 10억대 자산 밖에 이루지 못했을까? 오히려 의문이 들 지 않는가? 필자 스스로도 부끄럽다. 꿈은 훨씬 더 원대하기 때문이다.

주변에 수백억대 부자들로 가득 채워야 한다. 우물 안의 의식수준 을 바다로 끌어내야 한다. 생각의 차이고 의식 수준의 차이다. 당신이 수십억대 부자가 되는 것이 전혀 이상하지 않게 느껴질 것이다. 누구 나 10억대 자산을 보유한 회사의 주인이 될 수 있다.

정복자 마인드를 가져라.

"성을 쌓고 사는 자는 멸망하고 끊임없이 교류하고 이동하는 자는 살아 남을 것이다."

-칭기즈칸

지난 1천 년간 인류 역사에 가장 큰 영향을 주었던 인물은 위대한 정복자 칭기즈칸이다. 세계를 제패했다. 몽골제국의 칭기즈칸은 뛰어 난 리더십을 가졌다. 포용력과 통솔력을 가졌다. 조직력을 극대화 했 다. 자신의 비전을 부하들과 공유했다. 몽골제국 칭기즈칸이 정복한 땅은 알렉산더 대왕과 나폴레옹이 차지한 땅을 합친 것보다 훨씬 넓다.

"성을 쌓고 사는 자는 멸망하고 끊임없이 교류하고 이동하는 자는 살아남을 것이다."라고 칭기즈칸은 말한다. 지금에 만족하고 머물러 서는 안 된다. 시대가 변했다. 어느 곳도 안전한 곳은 없다. 세상은 끊 임없이 변화한다. 어제와 오늘이 다르다. 오늘과 내일이 또 다르다. 가 장 안전하다고 생각하는 직장이 당신의 성장을 가로 막는지도 모른다. 직장 안에서도 새로운 것을 배우고 교류하고 이동해야 한다. 직장 안에 고여 있기보다는 새로운 사람과 항상 교류해야 한다. 지금보다 더 큰 물로 나가야 한다. 새로운 생각과 에너지를 얻을 수 있다. 다람쥐 쳇바퀴 돌듯 시간을 보낸다면 안타까운 일이다.

혼자 꿈꾸면 단지 꿈에 불과하다. 당신보다 큰 사람과 함께 꿈꾸면 현실이 된다. 큰물에서 꿈꾸면 현실이 된다. 당신이 닮고 싶은 큰 사람을 찾아가 보아야 한다. 당신이 머물고 있는 물보다 더 큰 물로 나가야 한다. 더 큰 세상을 경험해야 한다. 칭기즈칸처럼 세상을 정복하겠다는 마음으로 도전해야 한다. 꿈을 꿈에 머물게 하고 싶은가? 당신보다 더 큰 사람이 당신의 꿈을 인정해 준다면 그 꿈은 이루어진다. 현실이 된다. 당신의 노력으로 이룰 수 있는 것보다 훨씬 빠른 속도로 크게 이루어진다. 모든 것은 사람을 통해 이루어진다. 혼자 노력하고 달리는 것보다 위에서 끌어 올려 주는 것이 빠르다. 꿈을 이룬다는 것은 사람을 만나 일이 성사된다는 것이다. 큰일은 큰물에서 이루어진다. 꿈이 크다면 큰물로 나가야 한다. 큰물에 놀다보면 꿈이 커진다. 당신이 이루고 싶은 부의 규모도 달라진다. CEO모임에 나가보라. 당신이 생각한 사업 아이템이 얼마나 작은지 깨닫게 될 것이다. 보기에 하찮아 보이는 사업이 얼마나 큰돈이 되는지 알게 될 것이다. 사업이라는 것이 특별한 사람만 하는 것이 아님을 알게 될 것이다. 당신보다 못난 사람이 더 좋은 차를 타고 다닌다. 더 큰 사업을 하고 있다. 더 재밌는 인생을 살고 있다. 억울하다면 당장 CEO 모임에 나가야 한다.

하찮아 보이는 세차장 사업도 돈 되는 사업이라는 것을 알게 될 것이다. 반찬 배달 사업이 거대한 금융자본의 힘으로 할 수 있는 사업이 아니라는 것을 알게 될 것이다. 반찬 배달로 큰돈을 버는 사람이 있다. 사업을 못 하는 것은 모르기 때문에 그렇다. 모른다면 배워야 한다. 먼저 사업을 하고 있는 사람에게 들어보는 것만으로도 큰 도움이 된다. 어디 가서도 배울 수 없는 것을 CEO들의 수다를 통해 배울 수 있다.

우주는 신이 만들었다. 자신의 인생은 스스로 선택하는 것이다. 당신이 부자가 되고자 선택을 한다면 우주는 일을 시작한다. 흙 수저 물고 태어났다고 실망할 필요 없다. 얼마든지 부자가 될 수 있다. 시작이 늦을 뿐이다. 규모가 다를 뿐이다. 칭기즈칸은 아홉 살 때 아버지를 잃고 마을에서 쫓겨났다. 집안이 나쁘다고 탓하지 않았다. 세상을 정복하겠다고 선택했다. 자신의 운명을 선택한 것이다. 우주는 세상을 정복하겠다는 칭기즈칸의 결정에 따라 일을 했다. 자신의 인생을 선택하고 정복해야 한다. 지금에 머물러 있는 것이 아니라 큰물로 나가는 것이다. 큰물에서 세상을 정복해야 한다. 칭기즈칸은 배운 것이 없다고, 힘이 없다고 탓하지 않았다. 칭기즈칸은 자신의 이름을 쓸 줄도 몰랐다. 학력이 중요한 것이 아니다. 환경이 중요한 것이 아니다. '어떤 인생을 살 것인가?'를 선택하는 것이 중요하다. 스스로 큰물을 찾아 나가는 개척 정신이 중요하다. 세상을 정복 해 보고자 하는 마음이 중요한 것이다. 어느 시대도 풍요로운 때는 없었다. 나약한 자기 자신을 극복해야 한다. 하고자 하면 이루어진다. 하고자 하면 할 수 있는 상황이 만들어 진다. 못 할 이유는 99가지다. 할 수 있는 한 가지 이유가 있다면 행동해야 한다. 가장 큰 적인 자기 자신을 정복해야 한다.

"내 자손이 비단옷을 입고 벽돌집에 사는 날, 내 제국은 망할 것이다." 라고 칭기즈칸은 말했다. 그 말이 적중했다. 이루었으니 즐겨보자 하는 순간 망하는 것이다.

어느 가난한 부부가 작은 식당을 개업했다. 친절과 맛으로 입소문이 났다. 장사가 잘 되었다. 식당을 확장했다. 시간이 흘러 입소문은 더 해졌다. 몰려오는 손님이 감당이 안 되었다. 체인점을 냈다. 사업은 확장 되었고 체인점이 열 개가 넘었다. 가난했던 부부는 즐기기 시작했다. 외제차를 사서 하루에 한번 정도만 식당에 들렀다. 일에서 한 발 뺐다. 점차 노는 시간이 많아졌다. 신경 쓰지 않아도 사업은 잘 돌아가는 듯 보였다. 하지만 시간이 흘러 사업이 기울기 시작했다. 식당을 살리기 위해 다시 노력했지만 이미 늦었다. 손님들이 외면한 것이다. 친절도 없어졌고 맛도 없어졌기 때문이다. 다 이루었다고 방심 했을 때 이미 망하기 시작한 것이다.

부자가 되는 것도 마찬가지다. 다 이룰 수가 없다. 끝없이 가는 과정이다. 운동선수가 올림픽에 나가 금메달을 따는 것이 끝이 아니다. 하나의 영광인 것이다. 금메달을 딴 후에도 운동을 계속 할 수도 있다. 다른 영역을 위해 또 움직여야 하는 것이다. 금메달 하나 따고 인생이 끝나는 것이 아니다. 목표하는 것을 성취하는 것은 하나의 영광인 것이다. 그 다음이 있다. 다음을 위해 달려야 하는 것이다. 목표를 이루었다고 남은 인생을 놀고 즐기는 것이 아니다. 더 큰 사람이 되기 위해 달려야 한다. 더 큰 부자가 되기 위해 달려야 한다. 다 이루었다고 생각하는 순간 당신이 가진 것은 기울기 시작 할 것이다.

부자가 되는 길은 숨 막히는 길이 아니다. 답답한 길이 아니다. 부지런해야 하는 길이 아니다. 자기 자신을 계발하는 일이다. 역경을 이겨내는 것은 자기 자신을 극복하는 것이다. 이겨내는 것이다. 자신과의 싸움에서 이기는 것이다. 당신의 힘만으로 역경을 이겨낼 수는 없다. 혼자 힘으로 이겨내려고 하기 때문에 숨 막히는 것이다. 답답한 것이다. 인생이 힘들고 피곤한 것이다. 역경을 이겨낼 수 있는 힘을 의지해야 한다. 모든 어려움과 역경은 신에게 맡겨야 한다. 당신은 즐기면 된다. 꿈꾸면 된다. 큰물로 나가면 된다. 정복자의 마음을 가지면 된다. 역경이 온다면 헤쳐 나갈 지혜를 줄 것이다. 방법을 깨닫게 해 줄 것이다. 그 과정을 통해 당신은 한 단계 더 성장해 있을 것이다. 그런 과정이 있어야 당신이 꿈꾸는 부를 이룰 수 있다. 그런 역경을 감사해야 한다. 역경이 온다면 부자가 되기 위한 훈련이라고 생각하면 틀림없다. 얼마나 영광스러운 일인가? 꿈꾸는 자에게만 오는 것이 역경이다.

PART 02

직장인 보다는 CEO가 되라.

"당신은 뭔가 더 대단한 것을 해낼 수 있다."

-칼로스 M. 구티에레즈

자리가 사람을 만든다. 책임자의 자리에 있으면 책임감이 다르다. 높은 직함을 얻게 되면 생각의 크기가 달라진다. 일반 사원 일 때는 나 한사람만 잘하면 된다. 팀장이 된다면 나 혼자만 잘 하는 것은 큰 의미가 없다. 팀장은 팀원 전체를 살피게 된다. 일반 사원과 보는 눈이 달라진다. CEO가 된다면 회사 전체를 살피게 된다. 직원의 마음과는 차원이 다르다.

지금 직장인 이라면 CEO의 마음으로 일을 해보라. 많은 것이 달라 보일 것이다. 회사에서는 당신을 놓치지 않으려고 할 것이다. 받는 월급보다 일을 많이 하는 것 같아 손해라고 생각하는가? 절대 손해가 아니다. 회사에서는 쓸 만큼 쓰고 버리더라도 당신은 이미 CEO가 될 만한 자질을 준비한 것이 된다. 누군가가 키워주고 임명해 주길 기다려서는 안 된다. 스스로 리더가 되어야 한다. 윗사람의 눈치를 볼 필요가 없다. 윗사람 에게도 당당해 질수 있다.

필자는 부자가 될 수 있는 직업에서 5년 내에 CEO가 되겠다는 마음으로 일 했다. 엔터테인먼트도 마찬가지고 금융업도 마찬가지다. 5년 내에 직장인이 아닌 CEO가 되어야 한다면 얼마나 많은 것을 배워야 하겠는가? 하루하루 내 일만 처리하고 있겠는가? 내 일 뿐만 아니라 다른 부서가 하는 일은 무엇인지 살필 것이다. 회사 전체의 흐름을 파악할 것이다. 돈의 흐름도 파악할 것이다. 회사 전체를 볼 수 있는 눈을 가지게 될 것이다. 회사 전체를 바라보고 나의 위치를 파악하게 될 것이다. 내가 해야 할 일이 무엇인지 명확하게 파악 하게 될 것이다. 회사에서 나에게 바라는 것이 무엇인지를 알 수 있게 된다. 그만큼 더 빨리 인정받을 수 있게 된다.

금융회사 다닐 때 있었던 일이다. 고객 미팅이 많았다. 회사의 고객이지만 미래의 내 고객이라고 생각을 했다. 내 회사의 고객처럼 상담 했다. 어떤 상담이 이루어 졌겠는가? 회사의 정보와 상품을 팔았지만 그 사람은 필자를 믿고 계약을 하고 일을 맡겼다.
모든 영업도 마찬 가지다. 말 잘하는 사람이 계약을 많이 하는 것이 아니다. 당장 눈앞의 성과는 있을 것이다. 고객은 눈치가 빠르다. 자신을 위하는지 물건을 팔려고 하는 것인지 금방 안다. 진심으로 상대를 위한다면 고객도 감동을 하게 된다. 물건만 팔려고 덤벼드는 것이 아닌 상대의 필요를 채워 줄 수 있는 마음 자세가 중요하다. 5년이 되기도 전에 빠르게 독립을 할 수 있었던 이유도 여기에 있다. 필자를 믿고 큰돈을 맡기는 사람들이 많이 있었기 때문이다. 오해하면 안 된다. 회사의 정보를 빼 내라는 것이 아니다. 몸담고 있는 회사를 자신의 것처럼 생각하고 일을 해야 한다는 것이다. '내 회사다.' 라고 생각을 하고 일하면 고객도 회사의 직원으로 대하지 않고 회사의 주인처럼 대접해 준다. 놀라운 일이다.

직장에서 적극적인 CEO마인드를 갖게 된다면 회사와 개인 모두의 성장을 가져올 수 있다. 조직 구성원들이 CEO마인드를 가졌느냐 그렇지 않느냐가 기업의 성패를 가른다.

지금은 삼성이 글로벌 기업이 되었다. 십 수 년 전만 해도 일본의 소니 기업에 비하면 동네 구멍가게 수준이었다. 삼성이 소니를 잡는 다는 것은 불가능한 일이었다. 그때 당시 삼성은 직원들의 의식 혁명을 했다고 한다.

'세계1위 한다. 글로벌 기업이 된다. 소니를 잡는다.'

비웃는 사람들이 많았을 것이다. 일본의 소니도 비웃었을 것이다. 시간이 흘러 지금은 어떤가? 삼성이 스마트폰으로 세계 1위 기업이 되었다.

삼성은 의식혁명을 통해 전 직원이 CEO 마인드로 일했다. 소니는 기술개발은 열심히 했지만 직원들의 의식은 개발하지 않았다. 삼성 직원들의 CEO 마인드가 지금의 삼성을 만들었다.

회사는 당신을 이용할 수 있다. 쓰고 버릴 수 도 있다. 그것을 두려워 할 필요는 없다. 자신의 노하우를 모두 쏟아 낼 필요가 있다. 당신의 아이디어나 능력을 다 발휘한다 하여 그것이 없어지는 것이 아니다. 비우면 더 큰 것들로 채워진다. 당신이 곧 회사의 자산이 될 필요가 있다. 회사도 당신의 열정을 인정해 줄 것이다.

필자는 회사가 내 것이라 생각 하고 일을 했다. 필자가 CEO라고 생각을 했다. 당연히 회사 돈도 아껴 썼다. 운영비도 절감했다. 차 기름값도 아껴 썼다. 밥값도 아꼈다. 내 회사의 돈이라고 생각하니 쉽게 쓸수가 없었다. 필자는 너무나 당연한 일이였지만, 회사는 눈치가 빠르다. 회사의 유익을 위해 일하는 좋은 직원으로 인정 해 주었다. 회사에서 경계하고 싫어하지 않았다. 더 큰일을 맡겨 주었다. 일을 더 잘할수 있는 환경을 만들어주었다. 편의를 위해 개인차도 제공해 주었다. 진심으로 놓치지 않기 위해 복지를 아끼지 않았다.

CEO마인드로 일을 하면 생각보다 많은 기회가 온다. 언제든지 CEO가 될 준비를 하고 있어야 한다. 준비가 되어 있지 않은데 기회가 온다하여 무슨 의미가 있겠는가?
'그 사람의 크기는 생각의 크기다'
나만 생각하고 나만을 위한다면 당신의 입지는 좁아질 것이다. 회사를 위하고 모두를 위한다면 지금 당장은 손해인 것 같지만 당신이 베푼 모든 것이 당신에게 큰 보상으로 돌아 올 것이다. 능동적이고 적극적인 CEO마인드로 일을 만들고 찾아내는 삶을 살아야 한다. 기다리고 바라보고만 있어서는 안 된다. 스스로 삶을 만들어 가야 한다.

리더십을 발휘하라.

"리더란 희망을 나눠주는 사람을 의미한다."

-나폴레옹

세계를 정복한 남자 나폴레옹의 한마디 말이다. 리더라는 것은 앞에서 끌어가는 것이 아니다. 희망을 나눠주는 것이다. 격려하는 것이다. 상대를 살피는 것이다. 섬기는 것이다. 리더십을 발휘하는 것이 꼭 앞에 있어야만 가능한 것이 아니다. 꼭 CEO만 리더가 아니다. 주변에 희망을 주고 있다면 그 사람이 리더다. 주변에 열정과 긍정적인 에너지를 주고 있다면 리더인 것이다. 직함은 중요하지 않다. 말단 직원이 조직에 긍정에너지를 준다면 리더가 될 수 있다. 그 조직에 보배인 것이다. 희망과 긍정에너지를 주는 사람이 높은 사람이라면 더 좋을 것이다.

한 조직이 죽고 사는 것은 리더의 역할이 중요하다. 리더가 열정적이고 긍정적이라면 그 효과는 엄청나다. 반대로 리더가 불평불만하고 회사를 비방한다면 역효과도 엄청나다. 리더가 밝고 활기차다면 조직이 화사해 진다. 리더가 침체 되어 있으면 분위기는 다운된다. 자기 자리에서 리더가 되어야 한다. 내가 어떻게 하느냐에 따라 회사의 분위기가 달라진다. 리더라고 생각하라. '내 생각과 말 한마디에 따라 회사의 미래가 달라진다.' 라고 생각해야 한다. 회사에 불평불만할 일은 끝도 없다. 만족할 만한 조건을 찾는 것은 희박하다. 회사 조직을 무너트리는 것은 간단하다. 쉬는 시간마다 불평불만 하고 조직을 비난하는 것이다. 그 조직은 서서히 무너질 것이다. 하루아침에 무너지는 것이 아니다. 쌓이고 쌓여 결과로 나타나는 것이다. 나 한사람의 역할이 매우 중요하다. 리더의 마음으로 조직을 관리해야 한다. 항상 희망을 주고 긍정적인 에너지를 불어 넣어 줘야 한다. 말 한마디로 회사의 미래가 달라진다. 당신의 행동이 회사의 미래를 결정한다. 조직이 살아야 회사도 살고 당신도 산다. 당신의 회사라고 생각해야 한다. 미래에 당신이 운영할 회사라고 생각해야 한다. 독립을 하게 된다면 리더가 될 것이다. 리더의 훈련을 하는 것이다. 자신의 조직 운영을 훈련하는 것이다.

리더는 명확한 목표를 제시한다. 숫자로 말한다. 데이터로 말한다. 실적으로 말한다. 조직은 하나의 목표를 가지고 있다. 서로 협력해야 한다. 무엇을 위해 모였는지 항상 상기시켜 주어야 한다. 당신의 능력을 발휘할 때이다. 조직을 모이게 하는 사람인지 흩어지게 하는 사람인지 알아볼 수 있는 장이다. CEO가 된 후에 자신을 알게 된다면 너무나 큰 대가를 지불해야 한다. 리더십을 만들어 가는 훈련을 하는 것은 회사만큼 좋은 곳이 없다. 훈련을 하는 것이다. 당신이 얼마나 훌륭한 CEO가 될 수 있겠는지 확인을 해야 한다. 직분은 직장인이지만 미래의 CEO다. CEO가 되기 위해 오늘 어떤 훈련을 받아야 할지 생각해야 한다. 어떤 실적을 내야 하는지 생각해야 한다. 리더로서 어떤 역할을 해야 하는지 생각해야 한다. 마음자세가 다르면 결과가 달라진다. 마음자세만 바꿔도 당신의 몸값은 달라진다. 한가하게 조직에 불평불만 하고 있지 않을 것이다. 그 조직에서 실적을 내 보여야 하기 때문이다. 그래야 독립을 해서도 어려움을 당하지 않을 수 있기 때문이다. 안에서 새는 바가지 나가서도 샌다. 안에서 안 새는 바가지도 나가면 어려움을 당할 수 있다. 안에서 새는데 나간다고 잘 될 수 있겠는가? 어디에 있든지 항상 CEO의 마음으로 일해야 한다. 자리는 언제든지 달라질 수 있다. 지금 당장 CEO자리에 있더라도 부족함이 없는 사람이 되어야 한다.

리더는 조직원들의 이야기에 귀 기울일 줄 안다. 리더는 결코 이기적이지 않다. 직장 내에는 이기적인 사람이 있다. 자기 것만 챙기고 자기 일만 하는 사람이 있다. 자기 일만 잘해줘도 고마운 사람이 있다. 자기일 마저 다른 사람이 맡아서 해야 하는 경우도 흔하게 있다. 그런 이기적인 사람이 CEO가 되었다고 생각해 보라. 회사가 잘 운영 되겠는가? 잘 될 수도 있다. 다만 밑에서 일하는 사람은 고통스러울 것이다. 이직률이 높아 질 것이다. 일의 효율성은 떨어질 것이다. 자질이 부족하기 때문에 큰일을 하기가 어려울 것이다. 존중받는 CEO가 되기 어려울 것이다. 이기 적인 인생은 좋은 것이 아니다. 움켜지고 산다고 행복한 것이 아니다. 베푸는 사람이 더 행복한 것이다. 주는 것이

받는 것보다 더 기쁘다. 인생이 풍요로워 진다.

지금은 소통의 시대이다. 소통 없는 리더는 존중받지 못한다. 능력 없는 리더로 인식된다. 지금은 소통이 가장 큰 화두다. 어느 조직이나 소통을 중요시 하고 있다. 옛날처럼 지시하던 시대는 지났다. 젊은 세대는 그런 사람을 '꼰대' 라고 한다. 지시해서 일이 돌아가는 시대가 아니다. 공감대를 형성하고 동기부여가 되어야 한다. 왜 일을 해야 하는지 동기부여가 되어야 움직인다. 공감대를 형성하고 동기부여를 해주는 사람이 리더다.

소통의 중요한 부분은 들어주는 것이다. 들어주는 것만으로도 큰 점수를 받을 수 있다. 필자는 말을 잘하는 편이 아니다. 그럼에도 상담하러 오는 사람이 많다. 이유 중에 하나는 들어주기 때문에 그렇다. 들어 줄 뿐이다. 이해 해 주고 반응 해 주는 것이다. 스스로 말하고 답을 얻어 간다. 필자가 하는 거라고는 듣는 것이 전부다. 들어주기만 해도 고맙다고 인사하고 간다. 시원하다고 한다. 말을 참 잘한다고 한다. 소통은 들어주는 것이다. 상대방이 하고자 하는 말이 무엇인가 집중하는 것이다. 무엇을 말하고자 하는지 파악하는 것이다. 거기에 집중하는 것이다. 내 생각을 앞에 놓고 거기에 맞추는 것이 아니다. '도대체 상대방이 뭘 원하는 것일까?'를 생각한다. 열심히 생각하다 보면 상대방은 답을 찾는다. 필자에게 답을 얻고자 왔지만 자신이 말하면서 답을 얻어 간 것이다. 소통하는 자가 최고의 리더다. 들어주는 자가 최고의 리더다. 직함의 높고 낮음은 의미가 없다. 나이가 많고 적음은 의미가 없다. 얼마나 잘 들어주느냐가 중요하다. 잘 들어주는 사람이 리더다.

리더는 변화에 강하다. 변화를 무서워하지 않는다. 변하 속에 기회가 있기 마련이다. 변화를 두려워하기보다 기회를 찾는다. 새로운 사업 아이템을 찾는다. 밥그릇을 움켜지는 것이 아니라 새 밥그릇을 찾는 것이다. 빠르게 변하는 세상이다. 당신의 일자리도 마찬가지다. 그 자리가 언제까지 보존 되어있을 꺼라 생각하는가? 밥그릇은 영원하지 않다. 철 밥통은 없다. 움직여야 한다. 이동해야 한다. 한 자리에 오래 머물러서는 안 된다. 새로운 밥그릇을 찾기 위해 움직여야 한다. 변화 속에 기회가 존재한다. 한 가지 사업 아이템으로 평생 먹고 살 거라는 생각은 위험하다. 하나의 사업이 자리 잡으면 다음을 준비해야 한다. 인생이 역동적이 되어야 한다. 머물러 있는 것이 아니다. 최소한의 리스크를 감내해야 한다. 한 번 실수로 일어설 수 없는 실수를 하는 것이 아니다. 변화에 강한 사람이 리더다. 최소한의 투자로 변화에 몸을 담그는 것이다. 실수하더라도 최소한의 투자금은 회수 할 수 있어야 한다. 좋은 결과가 있다면 부자의 반열에 올라설 수 있는 것이다.

당신이 서있는 지금의 직장은 CEO가 되기 위한 훈련소이다. 당신의 능력을 체크해 보아야 한다. 미래의 훌륭한 CEO가 되기 위해 노력하라. 당신의 능력을 보여줘라.

PART 03

독립을
꿈꿔라.

"독립할 마음이 없다면 아무 것도 시작하지 마라."

-쿠사카 키만도

직장은 영원하지 않다. 당신의 자리가 평생 보존되어 있지 않다. 갈수록 좋은 일자리는 없어질 것이다. 정규직은 줄어들고 계약직은 늘어날 것이다. 자신의 살 길을 찾아야 한다. 윗사람의 입만 바라보고 있어서는 안 된다. 어느 회사에 있든 적극적으로 독립을 꿈꿔야 한다. 큰 부자가 되길 원한다면 5년 내에 독립이 가능한 영역에서 일해야 한다. 큰 부자가 나오는 영역에서 일하는 것이 유리하다. 모두가 대기업에 들어가기 위해 치열한 몸부림을 칠 때 당신은 부자의 길을 갈 필요가 있다.

부자가 탄생하는 영역은 끝도 없이 많다. 운동에 재능이 있는 사람이라면 운동선수로 성공을 하면 된다. 피겨스케이팅의 김연아 선수처럼 성공 하면 된다. 노래에 재능이 있다면 가수를 하면 된다. 가수 비처럼 수백억대 부자가 될 수 있다. 카카오 톡 개발자 김범수처럼 IT업계에 영웅이 된다면 수천억대의 부자가 될 수 있다. 하지만 이런 사람은 특별한 경우다. 모두가 유명 선수가 될 수 없다. 모두가 글로벌 연예인이 될 수 없다. 모두가 IT업계에서 대박을 낼 수는 없다.

누구나 따라하면 할 수 있는 것들이 있다. 경쟁이 치열하지도 않다. 불가능 하지도 않다. 열심히 하면 부자가 될 수 있는 영역이 있다. 5년 내에 독립 할 수 있는 영역이 있다. 앞에서도 살펴보았듯이 엔터테인먼트, 금융, 유통, 무역, 명품사업, 수입자동차 딜러, 부동산컨설팅, 건설을 꼽을 수 있다. 이 밖에도 무수히 많이 있지만 누구나 접근 가능한 직업을 나열했다.

부자가 탄생하는 직업은 부자들을 상대한다. 수입자동차 영업은 돈 많은 부자들이 고객이다. 명품사업도 마찬가지다. 금융업은 전국에 돈 많은 부자들을 상대할 수 있는 좋은 환경이다. 엔터테인먼트도 주변에 큰돈이 흐르고 있다. 부자 틈에서 어울리다 보면 자신도 모르게 부자 마인드가 된다. 잘 사는 것이 전혀 어색하지 않다. 백억 대 부자를 TV 드라마에서 보는 것이 아닌 현실에서 보게 된다. 수백억대 부자도 나와 다를 것이 없는 사람이라는 것을 알게 된다. 안경이 금태이거나 이빨이 다 순금도 아니다. 보통 사람과 똑같이 하루 세 끼 밥 먹는 사람이다. 한 테이블에서 같은 순대 국을 먹는 사람이다.

놀라운 사실은 사람들이 이런 일을 잘 안한다는 것이다. 고객을 설득하고 물건을 파는 일을 잘 안한다는 것이다. 그렇기 때문에 기회가 있다는 것이다. 대한민국의 모든 엘리트들이 유통업에 달려든다면 필자 같은 사람은 경쟁에 참여할 수도 없을 것이다. 대한민국의 모든 대학 졸업자들이 수입자동차 영업에 달려든다면 필자 같은 사람은 그곳에서 살아남을 수 없을 것이다. 부자가 되고 싶은 사람들에게 기회다. 시간이 갈수록 도서관에서 책 읽는 사람이 줄어들 것이다. 이것도 기회다. 대학 졸업자가 늘어날수록 부자가 탄생하는 영역에서 일하는 사람이 줄어들 것이다. 이것 또한 큰 기회다. 경쟁이 치열하지 않다는 것은 기회가 많다는 것이다. 무거운 물건을 나르고 짐 정리를 하는 유통업에서 일하고자 하는 사람은 적다. 반드시 독립을 하겠다는 마음으로 일을 하면 기회는 온다.

필자가 유통업에서 일할 때이다. 회사 모든 직원이 CEO 마음으로 일 했다. 필자도 5년 내에 독립을 목표로 일했다. 해년 마다 100% 이상 성장을 목표로 했다. 3년도 지나지 않아 매출이 4배 이상 성장 했다. 오히려 지점이 필요 할 상황에 처했다. 기회가 온 것이다. 항상 독립을 생각하고 있었기 때문에 결정이 쉬웠다. 시스템이 있기 때문에 독립 할 때 위험도 그만큼 낮다. 본 회사와 협력 관계를 맺었기 때문에 빠른 시간에 정상 궤도에 오를 수 있었다.

독립을 꿈꾸지 않았다면 어땠을까? 기회가 와도 잡지 못했을 것이다. 기회인지도 몰랐을 것이다. 하루하루 일만 했을 것이다. 출근하는 것이 즐겁지 않았을 것이다. 회사에 구조조정이 오면 불안 했을 것이다. 직장 상사의 눈치만 보게 되었을 것이다. 스트레스는 쌓여 갔을 것이다. 독립을 생각하고 CEO 마음으로 일을 했기 때문에 회사 생활이 재밌었다. 회사 업무 파악하는 정도가 달랐었다. 타 부서가 어떤 일을 하는지 이해 할 수 있게 되었다.

독립이라는 것은 누군가에게 의존하지 않는 다는 것이다. 나 홀로 우뚝 선다는 것이다. 직장상사 말 한 마디에 흔들리지 않는 다는 것이다. 의존하지 않기 때문에 강해진다. 당당해 진다. 자신의 색깔을 찾을 수 있게 된다.

할 수만 있다면 다양한 업종에서 일을 해 봐야 한다. 모든 업종이 각 각 인 것처럼 보이지만 결국은 하나의 고리로 연결되어 있다. 부자가 되는 방식도 가는 길은 다르지만 공통분모는 있다. 자신의 영업 능력만 키워도 부에 가까워진다. 찾아오는 고객만을 상대 할 필요는 없다. 인터넷을 통해 불특정 다수를 상대하는 판매 전략도 세워야 한다. 요즘은 카페나 블로그가 잘 되어있다. 자동차 영업 잘 하는 사람을 보면 개인 블로그를 가지고 있다. 카페를 운영하는 사람도 있다. 오는 고객은 한계가 있다. 찾아가는 영업과 인터넷을 통한 영업을 생각해야 한다.

독립을 꿈꿔라. 할 일이 많이 있다. 당신은 생각보다 큰 사람이다. 당신을 짓누르는 환경에서 벗어나야 한다. 최면에서 벗어나야 한다. 돈은 무한데다. 생각하는 만큼 그 사람에게 온다. 감당할 수 있을 만큼 그 사람에게 온다. 그릇을 만들어야 한다. 몰려오는 수많은 돈을 담을 수 있는 그릇을 만들어야 한다.

기회는 준비 된 자에게 온다.

"기회는 나를 못 알아보거나 자주 찾아오지 않는다.
그러나 쌓아놓은 실력은 나를 배신하지 않는다."

-무명

기회만 보는 사람이 있고 문제만 보는 사람이 있다. 기회를 잡지 못하는 사람은 늘 원망한다. 기회를 잡지 못하는 사람은 시대 탓만 한다. 전쟁이후에 고도 성장기에 태어났더라면 큰 부자가 될 수 있었을 거라고 말한다. 고도 성장기에 살았다면 대기업도 일구었을 거라고 말한다. 지금은 그런 부자가 탄생 할 수 없다고 말한다. 그런 기회는 오지 않는다고 말한다. 시대가 어렵다고 말한다. 저 성장기에는 뭘 해도 안 된다고 말한다. 안 되는 이유만 찾는다. 문제만 찾는다. 당신이 콜럼버스 시대에 살았다면 누구보다 먼저 신대륙을 발견 했을 것 같은가?

기회는 준비 된 자에게 온다. 행동하는 자에게 온다. 움직이기 때문에 기회를 발견하는 것이다. 머물러 있는데 기회가 지나가지 않는다. 준비되어 있다면 기회가 지나 갈 때 발견할 수 있다. 우연한 기회가 찾아 왔을 때 알아 볼 수 있다. 준비가 되어 있기 때문에 기회를 알아볼 수 있는 것이다. 준비가 안 된 사람은 기회인지도 모른다. 기회를 발견하고도 지나쳐 버릴 수밖에 없다.

어려운 위기에 처하면 기회가 생긴다. 기회를 더 잘 볼 수 있다. 급박하기 때문이다. 위태롭기 때문이다. 기회가 온다. 하늘이 도울 때도 있다. 생명이 붙어있는 한 살 길은 있다. 새로운 돌파구를 만들 수 있다. 모든 것이 평안하면 딴 생각을 안 한다. 위기 속에 있어 봐야 딴 생각을 한다. 자신을 돌아보게 된다. 더 잘할 수 있는 방법을 모색하게 된다. 새로운 돌파구를 찾게 된다. 그 속에서 기회를 발견하게 된다. 하나의 사업이 위기를 맞게 되면 다른 사업 아이템을 생각하게 된다. 절실해 지기 때문이다. 돈 되는 사업을 생각하게 된다. 지금까지 사업과 연계된 새로운 아이디어를 생각하게 된다. 위기가 사람을 성장하게 한다. 어려움이 있기 때문에 사람이 발전하는 것이다. 회사가 발전하는 것이다.

어려운 상황을 극복하기 위해서는 실력이 있어야 한다. 어려움을 극복하지 못하는 것은 기회가 없었기 때문이 아니다. 실력이 안 되기 때문이다. 자신의 한계인 것이다. 자신의 그릇인 것이다. 실력을 갖추어야 한다. 준비해야 하는 것이다. 언제든지 어려움은 올수 있다. 어려움 속에 기회는 온다. 기회를 잡기위해서는 준비 되어있어야 한다. 실력을 준비해야 한다. 기회는 기다리는 사람에게 오는 것이 아니다. 준비된 사람이 기회를 잡는 것이다. 기회가 왔을 때 잡을 수 있는 사람은 실력자다. 실력이 있어야 기회를 잡는 것이다. 실력 없이 기회만 잡으려고 하는 사람을 기회주의자라고 한다. 기회가 왔을 때 실력으로 잡는 사람을 능력자라고 한다. 기회주의자는 오래 가지 못한다. 기회가 항상 존재하는 것이 아니기 때문이다. 그 기회는 언제든지 날아갈 수 있기 때문이다. 실력자는 이번 기회가 지나가도 걱정 할 필요가 없다. 기회는 언제든지 다시 온다. 여유가 있다. 부자가 된 사람은 실력을 갖추기 위해 수많은 훈련을 했다. 수 없이 많은 어려움을 당했다. 실력을 키워서 위기를 극복해 나갔다. 실력이 커 갈수록 기회도 커졌다. 큰 기회가 오는 것이다. 그릇이 중요하다. 사람의 됨됨이가 중요하다. 당신의 돈 그릇이 크다면 기회가 올 것이다. 돈의 그릇을 키워야 한다. 부자 마인드가 되어야 한다.

좋은 대학을 졸업 하지 않고도 세계 최고 수준의 부자가 된 사람은 많다. 우리나라만 해도 그렇다. 좋은 대학을 나온다고 해서 꼭 부자가 되는 것은 아니다. 좋은 대학을 나오고도 가난하게 사는 사람이 많다. 부자가 되기 위해 일류대학을 꼭 나와야 했다면 필자는 부자가 될 수 없었을 것이다. 불행한 일이다. 하지만 그렇지 않다. 부자가 되는 것은 쉬지 않고 공부하는 것이다. 부자 공부를 하는 것이다. 부자들을 보고 카피하는 것이다. 꾸준히 노력하고 연구하는 것이다. 부자가 될 수 있는 기회를 찾는 것이다. 그렇기 때문에 누구에게나 기회가 있는 것이다.

옛날에는 부자가 되는 방법 중에 하나가 좋은 대학에 가는 것이었다. 통했다. 좋은 대학을 나오면 좋은 직장에 들어 갈수 있었다. 좋은 직장에 들어가면 평생 따뜻하게 부자로 살 수가 있었다. 시대는 변한다. 지금은 다르다. 좋은 대학에 들어갔다고 해서 좋은 직장이 보장되지 않는다. 좋은 직장에 들어갔다고 해서 정년이 보장되지 않는다. 시대가 빠르게 변하고 있다. 지금은 좋은 대학을 졸업해도 취업하기가 어렵다. 취업을 해도 먹고 살기 바쁘다. 지루하고 치열한 삶의 연속이다. 자기 계발은 꿈도 못 꾼다. 실력을 키울 시간도 없다. 기회를 잡을 시간도 없다. 당장 오늘 먹고 살아야 하기 때문이다.

미래를 준비해야 한다. 기회를 잡아야 한다. 직장은 당신의 안식처가 아니다. 언제든지 물러나야 한다. 회사에서 나가는 것은 위기다. 위기는 새로운 기회다. 기회가 왔다. 당신은 무엇을 할 것인가? 실력을 갖춰야 한다. 준비를 해야 한다. 막연한 준비는 안 된다. 누구나 하는 치킨집 사업도 마찬가지다. 먹는장사는 안 망한다는 말은 옛말이다. 쉽고 만만한 것은 없다. 자신의 미래를 위해 꾸준히 독립을 준비해야 한다. 기회 맞을 준비를 해야 한다. 회사는 독립을 하기 위해 다니는 것이다. 회사는 사표쓰기 위해 다니는 것이다. 언제든지 나갈 준비가 되어있어야 한다. 자신의 미래를 위해 꾸준히 자기계발에 힘써야 한다. 시대의 흐름을 추적해야 한다. 자투리 시간을 이용해 독서해야 한다. 새로운 것을 배워야 한다. 책을 읽고 공부를 하면 미래에 대한 불안감이 사라진다. 부정적인 생각들이 없어진다. 모르기 때문에 불안한 것이다. 준비된 사람은 위기가 왔을 때 방긋 웃을 수 있다. 위기 속에 기회를 보기 때문이다. 준비된 자에게는 퇴직이 승진을 의미한다. 자유를 의미한다. CEO를 의미한다. 준비되지 않은 자에게 퇴직은 절망이다. 기회를 볼 수가 없다. 준비된 것이 없기 때문이다. 실력이 없기 때문이다. 직장 생활을 잘 못 한 것이다. 직장에 있을 때 이미 CEO의 실력을 갖추었어야 한다. 지금도 늦지 않다. 당신은 직장인 이지만 CEO다. 당신 인생의 CEO다. 당신인생의 최종 결정자다. 책임자다. 남에게 맡길 일이 아니다. 자신이 선택하고 책임지는 자리다.

더 적극적인 방법은 기회를 만드는 것이다. 기회를 기다리는 것보다 더 적극적인 것이다. 준비하고 기다리기 보다는 기회를 만든다. 실력이 있기 때문에 자신이 있는 것이다. 기회를 당겨오는 것이다. 자신의 기회가 아닌 것을 당겨 오는 것이다. 멀리 지나가는 누군가의 기회를 자신의 것으로 만드는 것이다. 그런 기회를 계획해서 잡는다. 실력자다. 실력이 있으면 기회는 항상 존재한다. 부자가 되기 위해서는 기회를 잡을 수 있는 실력을 갖추어야 한다. 누구나 부자가 될 수 있는 기회는 있다.

PART 04

땅이 필요한 사업에 기회가 있다.

"사람이 인생에서 가장 후회하는 어리석은 행동은
기회가 있을 때 저지르지 않은 행동이다."

-헬렌 롤랜드

땅이 기회다. 땅에 눈을 떠야한다. 대부분의 사람들이 땅을 어려워한다. 그렇기 때문에 기회다. 땅의 단점은 환금성이 떨어진다. 보통 사람이 투자를 안 하는 이유다. 부자는 보통사람이 아니다. 보통사람들이 가지 않는 길을 간다. 대부분 사람들은 아파트에 자산이 집중 되어 있다. 큰 비중의 대출과 함께 말이다.

업종에 따라 땅이 필요한 사업이 있다. 유통 사업은 상가도 필요하고 넓은 창고도 필요하다. 건물과 땅이 필요하다. 무역도 마찬가지다. 물류창고가 필요하다. 국내의 대표적인 유통기업은 롯데그룹을 꼽을 수 있다. 교통의 중심지 마다 롯데백화점이 자리하고 있다. 지역의 좋은 자리마다 롯데마트가 자리하고 있다. 전망 좋은 임야에는 롯데호텔이 자리하고 있다. 롯데기업은 유통기업이기도 하지만 부동산 기업이다. 부동산 자산가치의 상승으로 기업이 성장했다. 롯데그룹은 유통 중심의 회사였지만 신규 개발사업과 운영에 경쟁력을 발휘하면서 부동산개발 전문 기업으로 성장하고 있다. 시작은 유통이지만 부동산으로 이어진다. 롯데그룹뿐만 아니다. 현대기아차도 마찬가지다. 차를 생산하기 위해서는 땅과 건물이 필요하다. 광주 터미널 옆에는 기아차가 자리하고 있다. 기아차 광주 공장은 1998년에 완공되었다. 총 부지면적은 119만 m²에 이른다. 그 당시에 기아차는 땅을 저렴한 가격으로 매입했다. 시간이 흘러 지금은 금싸라기 땅이 되었다. 기아차 광주공장 이전 이야기가 나오면서 땅의 가격은 수백 배 상승 했다. 현대기아차가 차를 팔아서 대기업이 되었고 부동산 가치의 상승으로 자산규모가 크게 성장했다. 2014년에는 10조원이 넘는 땅값으로 한전 부지를 매입했다. 국내 최고 높이의 115층 신사옥 빌딩과 62층 호텔을 비롯한 현대차 글로벌 비즈니스 센터 건립을 계획하고 있다.

대기업을 욕할 필요는 없다. 욕할 시간에 그 기업을 한번 이라도 더 분석해야 한다. 또 다른 대기업이 탄생하기는 어렵다. 하지만 대기업의 성장을 분석해서 카피해야 한다.

대기업만 가능하다고 생각하는가? 고물상을 하는 지인이 있다. 못 사는 사람이었다. 학력도 없다. 별다른 능력도 없다. 하루 벌어 살 생각으로 고물을 줍기 시작했다. 우연한 기회로 고물상 사장님 밑에서 일하게 되었다. 몇 년 동안 일을 한 뒤 독립을 했다. 도시 외곽 쪽에 초라하기 짝이 없는 땅을 대출받아 매입했다. 고물상 사업을 시작한 것이다. 고물 시세가 좋을 때여서 돈을 벌었다. 그것은 작은 수익일 뿐이었다. 지인은 큰 부자가 되었다. 에쿠스를 타고 다닌다. 번듯한 집도 있다. 외출할 때면 근사한 사람으로 변한다. 고물 팔아 돈을 모아서 부자가 된 것이 아니다. 처음 시작할 때 땅의 가치는 형편없었지만 시간이 흘러 그곳이 개발 되었다. 아파트가 들어 선 것이다. 땅 값은 몇 백배 상승했다. 부자가 되려고 고물상을 했던 사람은 아니다. 할 것이 없어 고물상이라도 했던 것이다. 땅이 그를 부자로 만들어 주었다.

고물상 지인을 처음 만났을 때가 생각난다. 젊은 나이에 좋은 차를 타고 다녔다. 필자는 아티스트로 성공하기 위해 열심히 공부하던 시절이었다. 그 친구가 무슨 일을 하는지 궁금했다. 어떻게 젊은 나이에 좋은 차를 타고 다니는지 궁금했다. 직업을 물었다. 고물상을 한다고 했다. 적지 않게 충격을 받았다. 정장차림의 너무 멋진 신사였기 때문이다. 첫 인상은 대기업의 사원처럼 보였다. 직업에 귀천이 없다는 것을 알았다. 고물상 사장님들이 달라 보였다. 큰 부자로 보였다. 실제로 큰 부자가 많다. 일할 때 보면 누더기 옷에 초라하게 보이기도 하지만 알부자다. 숨어있는 부자다. 심지어 주변에서 시기하지도 않는다. 공격하지도 않는다. 대기업만 부자가 될 수 있는 것이 아니다. 땅이 필요한 고물상 사업을 하면서도 얼마든지 당당하게 부자로 살 수 있다. 직업에 귀천이 없다. 땅을 갖고 있느냐 갖고 있지 않느냐의 차이다.

땅의 가치에 눈 뜨기만 해도 당신은 큰 부자가 될 수 있다. 아파트는 얼마든지 생산할 수 있다. 대량생산하면 가격이 떨어진다. 공급이 많아지면 가격이 떨어진다. 자동차도 대량생산이 가능하기 때문에 가격이 떨어진다. 그래서 누구나 차를 타고 다닐 수 있는 것이다. 땅은 아니다. 생산이 불가능 하다. 물론 요즘은 기술이 좋아서 바다를 막아 땅을 만들기도 한다. 하지만 대량 생산은 불가능 하다. 아파트는 폭락 할 수도 있지만 땅은 폭락이 쉽지 않다.

땅이 필요한 사업에 도전해야 한다. 필자는 고물상도 꼭 해보고 싶었다. 아직까지 기회가 없었다. 다른 것에도 도전을 해야 하기 때문이다. 고물상도 하나의 기회. 너무 크게 생각할 필요는 없다. 사업은 잘 될 때도 있고 잘 안 될 때도 있다. 경기에 따라 흔들릴 수 있다. 탄탄한 기업들의 공통점은 부동산 비중이 크다는 것이다. 경기에 크게 흔들리지 않는다. 시간이 흘러 자산가치의 상승으로 회사가 안정을 이룬 것이다.

35세 10억대 자산을 보유한 회사의 주인 되는 것이 결코 어려운 일이 아니다. 연예인이나 유명 운동선수처럼 특별해야 하는 것도 아니다. 보통사람이 할 수 있는 일이다. 생각을 바꾸면 가능하다. 당신은 생각보다 위대한 사람이다.

냉혹한 현실 속에서 실전교육을 받아라.

"사람은 어려움 속에서 성장한다."

-제임스 캐시 페니

"1등만 기억하는 더러운 세상!!" 어느 개그맨의 유행어다. 대한민국은 1%에게만 살기 좋은 세상이다. 이것이 현실이다. 냉혹한 현실이다. 1%가 아닌 사람들은 절망하고 분노할 것이다. 어쩔 수 없다. 현실이기 때문이다. 부정할 필요 없다. 현실은 지옥인데 '살기 좋다.' 라고 위로해 봐야 소용없다. 이런 현실을 우리는 잘 안다. 직시해야 한다. 냉혹한 현실은 학교에서 받은 교육으로 살아남을 수가 없다. 실전 교육이 필요하다. 칼바람 부는 현장에서 실전 교육을 받아야 한다. 이론과 현실은 다르다. 세상은 결코 아름답지 만은 않다. 현장에 부딪혀 면역력을 키워야 한다. 널리고 널린 사기꾼을 분별할 수 있는 실력을 키워야 한다. 현실세계에서는 당신을 진심으로 도울 사람이 없다. 주고받는 것이다. 서로에게 도움이 되어야 한다. 받기만 하는 것은 없다.

직접 몸으로 부딪혀 체험해야 한다. 배고파 봐야 세상을 안다. 어려움을 당해봐야 세상에 눈을 뜬다. 젊은 나이에 세상공부를 해야 한다. 한 살이라도 어린 나이에 실전 교육을 받아야 한다. 50대 은퇴해서 사기 당하면 얼마나 당혹스럽겠는가? 우리주변에 흔하게 듣는 이야기다. 은퇴자금을 투자해서 모두 잃어버린 경우가 흔하게 있다. 분별력이 없기 때문이다. 냉혹한 현실을 덜 체험한 것이다. 실전교육을 제대로 받지 못한 것이다. 혹독한 훈련을 받지 않고 넘어 왔기 때문에 50대에 어려움을 당하는 것이다. 20대는 잃어도 잃는 것이 아니다. 잃는 것이 얻는 것이다. 수업료를 지불하고 큰 것을 배운 것이다. 인생에 약이 된 것이다.

필자의 후배가 있다. 20대 중반이다. 야심찬 마음으로 사회에 첫발을 내딛었다. 다단계에 들어갔다. 열정이 대단했다. 금방 부자가 될 것만 같은 자신감이 넘쳐 보였다. 3년 후에는 일하지 않아도 될 것 같은 희망에 사로잡혀 있었다. 필자를 찾아 왔다. 같이 하자는 것이다. 부자가 될 수 있다고 필자를 설득했다. 후배에게 말했다. 젊은 나이니까 최대한 빠른 시간에 많은 것을 경험해 보라고 했다. 한 가지 부탁이 있다면 최대한 빠른 시간에 경험하고 나오라고 했다. 그 곳에서 빠져 나오는 시간이 길지 않았으면 좋겠다고 당부했다. 후배가 필자의 얘기를 깊이 듣지 않았다. 당연한 것이다. 열정이 강했다. 자신은 모든 것을 알고 있고 다른 사람은 다 틀렸다고 생각했다. 부자가 될 수 있을 거라고 생각하고 있었다. 냉혹한 현실을 경험하지 못했기 때문에 그랬을 것이다. 20대 중반의 사회 초년생에게 부자가 되기까지 세상이 가만 두지 않는다. 그곳에 먹을 것이 있었다면 이미 실력 있는 사람들이 다

먹어 치웠을 것이다. 그렇게 쉽고 만만하게 돈이 당신의 주머니로 들어가지 않는다. 호락호락하지 않다. 20대 중반 호주머니에 돈이 들어가는 것을 바라만 보고 있지 않다. 호주머니의 있는 돈을 가져가지 위해 혈안이 되어 있다. 호주머니에 돈이 없다고 안심하지 말라. 당신에게는 신분이 있다. 신분증이 있다. 도장이 있고 서명이 있다. 당신의 이름으로 얼마든지 대출을 받을 수 있다. 당신의 의지와 상관없이 언제든지 빚쟁이가 될 수 있다. 후배는 아직도 어려움을 당하고 있다. 지방에서 올라온 열정 있는 청년들은 조심해야 한다. 당신의 호주머니를 노리는 사람이 많다. 냉혹한 현실이다. 한 살이라도 젊었을 때 경험해 보는 것은 좋다. 다만 빠른 시간에 깨달아야 한다. 세상이 냉혹하다는 것을. 세상이 냉혹하다고 외면해서는 안 된다. 부자가 되기 위해서는 반드시 넘어야 하는 산이다. 냉혹한 현실에 부딪히고 체험해야 한다. 어려움도 당해봐야 한다. 산전수전 겪어봐야 세상을 알게 된다. 교실에서 책을 통해 배우는 세상과는 차이가 크다. 직접 보고, 느껴야 한다. 직접 체험해야 한다. 실전교육을 받아야 한다. 여러 종류의 어려움을 체험해 보아야 한다. 다만 똑같은 상황에서 두 번 세 번 실수 하는 일은 없어야 한다. 그것 외에도 체험해야 할 일이 많기 때문이다.

땅이 필요한 사업을 하는 것도 마찬가지다. 실전 교육이 필요하다. 아무리 이론으로 말 한다고 해도 배우는 것이 다르다. 직접 투자를 해 봐야 어려움을 알 수 있다. 땅이 필요한 회사에서 직접 일을 해 봐야 한다. 그 회사가 어떻게 성장 했는지 연구해야 한다. 끊임없이 연구하고 분석해야 한다. CEO가 어떤 철학으로 회사를 키웠는지 지켜봐야 한다. 존경받을 만한 인물이라면 카피해야 한다. 직접 투자를 해 보아야 한다. 똑같은 회사를 세운다면 어디에 땅을 사면 좋을 지 고민 해보아야 한다. 시장 조사를 해보아야 한다. 기회가 왔을 때 당장이라도 투자할 수 있는 정보를 가지고 있어야 한다. 지금 당장 독립하더라도 걱정하지 않을 만큼 자신 있게 준비해야 한다.

냉혹한 현실 속에서 실전교육을 하는 것이다. 땅을 단순히 보는 것과 직접 투자 하는 것은 큰 차이가 있다. 땅 거래는 실전이다. 좋은 땅 주인을 만나고 좋은 부동산 사장님을 만나 좋은 가격에 땅을 살 수 있는 확률은 없다. 냉혹한 현실에 훈련이 되 있는 사람이라면 땅을 살 때도 좋은 조건으로 살 수 있다. 사기를 당할 염려도 없다. 매사에 꼼꼼하게 살필 것이다. 시장조사도 철저하게 할 것이다. 현실 공부를 많이 한 사람일수록 실수가 줄어든다. 어려움을 면하게 된다. 최소한의 리스크만 발생하게 된다. 무리한 투자로 위기를 당하지 않는다.

현실은 냉혹하다. 어디 가서 하소연 할 필요도 없다. 결과로만 말한다. 실력으로만 평가받는다. 진검승부다. 단순히 열심히 하는 것은 의미가 없다. 결과가 없다면 세상은 기억해 주지 않는다. 결과 없는 노력은 변명에 불과 하다. 학교에서는 그렇게 배우지 않았다. '결과 보다는 과정이 중요하다.' 라고 배웠다. 열심히 하는 것에 칭찬해 주었다. 세상은 그렇지 않다. 실전은 다르다. 현실은 다르다. 현실은 1등만 기억한다. 결과만 기억한다. 냉혹한 현실을 헤쳐 나가기 위해서는 독해야 한다.

전 세계의 경기가 침체하고 있다. 기업은 구조조정에 나서고 있다. 청년실업은 늘어나고 있다. 조기 퇴직은 당연한 것이 되었다. 들어갈 직장이 없어 사업을 한다면 큰 어려움을 당하게 된다. 사업이 직장보다 만만하겠는가? 차라리 아르바이트를 하는 것이 낫다. 열심히 일해서 빚지는 것 보다 덜 벌고 덜 쓰는 것이 나을 것이다. 국내 외식업종 창업자 중에 90%가 폐업 경험을 한다. 그만큼 현실은 냉혹하다. 부자가 될 수 있는 길을 정확하게 걸어야 한다. 대다수가 걷고 있는 길이라면 피해야 한다. 그것이 무엇이든 마찬가지다. 모두가 프랜차이즈 카페에 몰린다면 그 길을 피하면 된다. 경쟁을 피해야 한다. 냉혹한 현실 속에서 안전하게 부자가 될 수 있는 길이 있다. 실전교육을 하고 부자 스승을 카피해야 한다. 땅이 필요한 사업에 몸을 두어야 한다. 5년 안에 CEO를 목표로 일해야 한다. 빠른 시간에 부자가 될 수 있을 것이다.

PART 05

빚의 노예보다
주인이 되라.

"금전은 무자비한 주인이지만, 유익한 종이 되기도 한다."

-유태인 격언

칼은 무서운 것이 아니다. 칼은 우리 생활에 꼭 필요한 것이다. 어린 아이에게는 칼이 위험하다. 실수하면 크게 다칠 수도 있다. 칼은 아이가 닿지 않는 곳에 놓아야 한다.

빚도 마찬가지다. 빚은 나쁜 것이 아니다. 빚은 사업을 하기 위해 꼭 필요한 것이다. 어린아이에게 빚은 위험하다. 감당이 안 되기 때문이다. 빚을 잘 못 사용하면 큰 위기를 겪을 수 있다. 우리는 빚의 주인이 되어야 한다. 빚의 어른이 되어야 한다. 감당하고 다스려야 한다. 최대한 활용해야 한다.

직장 다니면서 한푼 두푼 모아서 사업을 시작하겠다는 것은 잘못된 생각이다. 최소 일억은 있어야 어떤 사업이든 시작할 수 있다. 땅과 건물이 필요한 사업이라면 최소 5억 이상은 있어야 가능하다. 좋은 직장에 들어가서 한 달에 50만원씩 저축 한다고 가정해 보자. 일 년에 육

백만원 저축한다. 십년이면 6천만 원 저축 할 수 있다. 100년 모아야 6억 원을 저축 할 수 있다. 우리 인생이 길게 살아야 100년 이다.

대기업도 전략적으로 부채를 가지고 있다. 나는 빚이 없다고 자랑할 일이 아니다. 빚도 능력이다. 돈을 빌리려고 은행에 가보면 잘 알수 있다. 대출이 어렵다. 조건도 까다롭다. 아무나 대출해 주는 것이 아니다. 담보가치가 있거나 신용이 있어야 한다. 빚을 질 수 있다는 것은 능력이 있다는 것이다.

수익을 창출 할 수 있는 아이디어가 있다면 빚의 한계는 없다. 돈은 은행에 많이 있다. 내 수중에는 천만 원도 없다고 걱정하지 않아도 된다. 은행에서 돈을 가져다 쓸 만한 아이디어가 없다는 것이 문제다. 일억의 이자를 감당할 수 있는 일이 있다면 빚은 부채가 아니다. 10억의 이자를 감당할 수 있는 일이 있다면 빚이 아니다. 생각의 크기를 키워야 한다. 대부업체를 통해 빚을 지라는 것이 아니다. 사채는 위험하다. 큰 위기를 겪을 수 있다. 사채를 쓸 정도로 어려운 상황을 만들지 않아야 한다. 사채를 쓴다는 것은 자기관리가 안 된다는 반증이다. 더 큰돈이 자신에게 머물 거라는 기대는 버려야 한다.

빚의 노예가 된 사람이 많다. 대출을 받은 빚이 운동을 해서 수익을 창출해 주어야 한다. 하지만 대출 받은 돈이 어떠한 일도 하지 않는 경우다. 이자만 계속 감당하고 있다. 악성 빚이다. 본인의 능력보다 더 좋은 집에서 살기위해 무리하게 대출받은 경우가 대표적이다. 사람들에게 보여주기 위한 것이 많다. 빚의 악순환에 빠진 것이다. 빚의 노예가 된 것이다. 노예란 자유인이 아니라는 것이다. 평생 대출을 갚기 위해 일을 해야 한다. 자기 발전과 꿈을 위해 일 하는 것이 아니다. 일을 하지 않으면 이자를 감당 할 수 없게 된다. 아파도 일을 해야 한다.

　방심하지 말라. 우리 사회는 빚의 노예를 양산하고 있다. 당신이 빚을 지기를 원하고 있다. 이 시대의 청년들은 빚의 노예로 사회생활을 시작한다. 과도한 채무에 쫓겨 신용카드 돌려 막기까지 한다. 빚더미에 깔려 자살을 고민한 사람들도 있다.

　TV에서는 대부업체들의 광고들이 넘쳐난다. 달콤한 말로 유혹한다. 개인이 쉽게 대출 받을 수 있다. 빚을 지지 않고는 살아갈 수 없는 시대다. 열심히 일을 해도 계속 빚을 질 수 밖에 없는 사회다. 평생 그 굴레를 벗어날 수 가 없다. 빚의 노예가 된다면 당신의 인생은 평생 자유로울 수가 없다.

　2015년은 가계대출이 큰 폭으로 증가 했다. 가계부채 1100조원 시대다. 기준금리 인하가 지속 되고 은행들도 대출 금리를 내렸다. 아파트는 공급물량을 늘렸고 청약 자격을 대폭 완화 시켰다. 분양 시장이 달아오를 수밖에 없다. 정부는 대출을 받아서 집을 사도록 정책을 펼친다.

　2015년 12월, 미국이 금리인상을 했다. 무려 9년 6개월 만에 금리를 소폭 인상 했다. 미국이 금리인상을 단행한 이유는 경기과열에 대한 우려 때문이다. 한국은행과 우리 정부는 이번 금리인상이 국내 금융 시장에 미칠 파급력이 미미하다고 평가 한다. 그렇다고 전혀 영향이 없을 수는 없다. 무리하게 대출을 받아 아파트를 분양받은 사람들은 어려워 질수 있다. 소폭에 금리 인상에도 충격이 상대적으로 클 수 있다.

　빚의 굴레에서 벗어나야 한다. 역으로 빚을 이용해야 한다. 빚으로서 더 큰 수익을 발생 시켜야 한다. 21세기는 자본주의 시대. 노동이 돈을 버는 속도보다 자본이 돈을 버는 속도가 더 빠르다. 여론조사 업체 오픈서베이에 의하면 우리나라 성인 10명 중 2명은 빚을 레버리지 수단으로 인식한다고 한다. 빌린 돈을 지렛대 삼아 투자 수익을 높이는 전략이다. 40대는 10명중 3명이 빚을 자산 증대 수단으로 적극 활용 하고 있다. 반면 대출은 빚이니 되도록 지면 안 된다는 의견이 10명중 3명으로 나타났다.

　빚을 지배하고 다스려야 한다. 빚을 레버리지로 인식해야 한다. 투자 수익을 극대화 하는 도구로 사용해야 한다. 내공이 필요하다. 그만큼 다양한 분야에서 경험을 해야 한다. 야생형 인간이 되어야 한다. 젊은 나이에 독립을 해보고 거지도 되어 봐야 한다. 굶어도 봐야 한다. 이 시대에 굶는 다는 것이 가능한 일일까? 돈이 없어 굶을 수도 있다. 훈련을 통해 돈을 지배할 수 있는 능력을 만들어 갈수 있다. 빚을 지배하고 다스릴 수 있게 된다.

돈 없어도 당당 하라.

　돈 없이도 얼마든지 사업은 할 수 있다. 아이디어만 있으면 된다. 기회는 존재한다. 위대한 발명가일 필요는 없다. 돈이 되는 사업을 보고 배우는 것이다. 카피하고 자기 것으로 만드는 것이다. 우리는 독립을 하고 사업을 시작 할 때 획기적인 아이디어를 찾는다. 시대를 바꿀만한 아이디어를 찾는다. 그런 것은 다른 능력자에게 맡기자. 이미 성공한 사례를 카피하고 더 좋은 방법으로 경영하는 것이 훨씬 빠르다. 위험부담도 적다. 아무리 똑같이 카피한다고 해도 다 성공 할 수는 없다. 때가 맞아야 한다. 지속적으로 운영할 수 있는 능력이 있어야 한다. 문제를 해결할 수 있는 능력이 있어야 한다.

　돈 없이 당당하게 사업을 하기 위해서는 경제 흐름을 살펴보아야 한다. 시대적 흐름을 파악해야 한다. 지금까지는 잘 되었지만 치명적인 사양 산업이라면 피해야 한다. 적어도 그 정도는 알아야 한다. 건설사들이 모텔 지어서 돈 벌던 시절이 있었다. 모텔 지으면 돈을 많이 벌었다. 모텔 지어서 성공한 사람을 카피해서 지금 똑같이 한다면 위기에 처할 수가 있다. 이미 포화상태이다. 공급이 넘쳐난다. 큰 수익을 기대하기가 어렵다. 선수들은 이미 나갔다. 끝물에 올라 탈 필요가 없다. 이렇듯 각 업종마다 사양 산업이 있고 떠오르는 산업이 있다. 떠오르는 산업에 몸을 담는 것이 가장 유리하고 그럴 수 없다면 지속가능한 산업에 몸을 담아야 한다.

돈 없이 당당하게 사업을 하기 위해서는 문제 해결 능력이 있어야 한다. 그 동안은 잘된 사업이라도 지금은 해결해야 할 문제들이 많이 있을 수 있다. 유통업도 마찬가지다. 그동안은 오프라인 상에 유통이 시장을 지배했다. 지금은 상황이 다르다. 인터넷 상의 유통이 오프라인 시장을 압도했다. 시대가 바뀐 것이다. 돈의 흐름이 바뀐 것이다. 흐름을 잘 타야 한다. 오프라인 유통 사업을 하려고 하는 사람은 문제가 생긴 것이다. 돌파구를 마련해야 한다. 문제를 해결해야 한다. 그 일을 접고 다른 사업을 알아보라는 것이 아니다. 위기를 기회로 만들어야 한다는 것이다. 기존의 오프라인 유통을 기반으로 인터넷 판매를 겸하면 될 것이다. 차츰 매출의 비중을 인터넷 상으로 옮기면 되는 것이다.

돈 없이 당당하게 사업을 하기 위해서는 틈새시장을 공략해야 한다. 아무리 화려한 시장이 있다 하더라도 경쟁이 치열하고 공급이 넘쳐 난다면 의미가 없다. 큰 시장에는 큰 선수가 있기 마련이다. 틈새시장을 공략해야 한다. 빈틈은 있기 마련이다. 빈틈을 공략해야 한다. 선수들의 영역에 들어갈 필요는 없다. 그곳에서 살아남기 힘들다. 자기만의 시장을 만들어 나가야 한다. 시장이 크다고 무조건 좋은 것은 아니다.

돈 없이 당당하게 사업을 하기 위해서는 다른 사람보다 많은 경험을 해야 한다. 많은 업종에서 일을 해 봐야 한다. 한 곳에서만 있어서는 안 된다. 10년 동안 한 업종에서 일을 했다고 가정하자. 독립 할 때쯤 그 산업이 기울고 있다면 어찌 할 것인가? 그래도 그 곳에 투자를 할 수 있겠는가? 자신 있게 독립할 수 있겠는가? 먹고 살수는 있겠지만 부자가 될 수는 없다. 지금 시대는 수십 년 장수 하는 산업이 드물다. 해 마다 시장이 달라진다. 아무리 잘 나가는 산업도 내년을 기약 할 수 없다. 음반 CD는 우리가 잘 안다. CD를 통해 음악을 듣던 시절이 있었다. 지금은 MP3로 음악을 듣는다. 파일로 음악을 듣는 것이다. MP3 전에 MD라는 것이 있었다. 일본에서 야심차게 만들었던 획기적인 제품이었다. 레코딩 음질도 다른 제품에 비해 뛰어났다. 대중들은 MD를 잘 모른다. 대중화되기 전에 사라졌다. MD만 붙잡고 있던 회사는 망했을 것이다. 시대가 이처럼 빠르게 변한다. 대박 제품을 개발했다고 하더라도 내년을 기약 할 수 없다. 많은 업종에서 일을 하다보면 예상치 못한 기회를 발견하게 된다. 틈새시장을 발견하게 된다. 어떤 업종에서는 독립을 꿈꿀 수 없을 정도로 치열한 곳도 있을 것이다. 그 기회를 찾는 것이다. 무역일도 해보고 유통일도 해 보다가 기회를 발견하고 독립을 하는 것이다. 말처럼 쉽지는 않다. 직접 체험해 보라. 기회를 볼 수 있다. 서비스를 개선하고 경영 방식을 조금만 바꾸면 할 수 있을 것 같은 자신감이 생길 것이다. 아직 손이 닿지 않은 깨끗한 시장이 보일 것이다. 경쟁이 없는 블루 오션이 보일 것이다. 기회인 것이다. 그런 기회를 발견 할 수 있을 것이다. 어떤 사업에서 기회를 발견 하게 될지는 알 수 없다. 부자가 탄생하는 업종에서 많은 경험을 해 보아야 한다.

　돈 없이도 당당하게 사업을 하기 위해서는 사업가적인 기질을 가져야 한다. 어느 곳에 있든 항상 CEO 마인드를 가져야 한다. 사업가의 눈으로 봐야 한다. 식당에서 밥을 먹더라도 밥 값 보다는 한 달 매출이 얼마 발생할지 계산해 보아야 한다. 가상 경영을 해 보는 것이다. 현재 식당을 얼마에 인수 할 것인지 계산해 본다. 어느 정도 권리금이 적당할지 계산해 본다. 인테리어 비용을 계산해 본다. 총 투자금액 대비 수익률을 계산해 본다. 손익 분기점을 계산해 본다. 음식의 경쟁력을 높일 방법을 생각해 본다. 몇 년 동안 영업하고 언제 매각할지를 생각해 본다. 총체적으로 머리를 회전 시키는 것이다. 사업가 마인드다. CEO 마인드다. 이런 훈련이 되어 있는 사람은 기회가 오면 바로 잡는다. 평균보다 좋은 조건이라면 고민할 필요 없이 시작한다. 기회가 오지 않는 다면 기다린다. 급할 것 없기 때문이다. 필자의 멘토중에 한분은 머리 회전이 빠른 편이 아니다. 하지만 수많은 사람들을 대하고 수많은 사업 경험을 했다. 사람을 만나면 냄새와 옷차림, 분위기만을 보고도 그를 알 수가 있다. 같이 일을 할 만한 사람인지 사기꾼인지 구별 할 수 있다. 사업가 기질이 있는 것이다. 식스센스가 발달한 사람이다. 이론으로 사람을 대하는 것이 아니다. 수많은 경험을 통해 감각적으로 알아차리는 것이다. 그것은 경험으로만 가능하다. 상대방 코털의 길이 만으로도 모든 것을 감지한다.

　돈 없이도 당당하게 사업을 하기 위해서는 인맥이 있어야 한다. 인맥은 돈 맥이다. 정치인을 많이 알라는 것이 아니다. 당신보다 뛰어난 사람을 만나기 위해서는 줄 것이 있어야 한다. 줄 수 있는 것이 능력이다. 없는 사람은 줄 것이 없다. 줄 수 있는 것이 꼭 돈 일 필요는 없다. 당신이 그 사람에게 기쁨을 줄 수 있다면 그것이 능력이다. 재미를 줄 수 있다면 그것이 능력이다. 새로운 정보를 줄 수 있다면 그것이 능력이다. 사업은 주고받는 것이다. 거저 받는 것은 없다. 공짜가 없다. 모든 일은 사람과 사람을 통해 이루어진다. 당신보다 뛰어난 사람을 만나서 줄 수 있는 것이 무엇인지 생각해야 한다. 그 능력을 개발해야 한다.

조선 후기에 봉이 김 선달은 대동강 물을 팔아 사천 냥을 챙겼다. 사업가적인 기질을 타고 났다. 아이디어와 자신감만으로 부자가 되었다. 당신이 능력만 있다면 투자자들은 줄서있다. 서금리 속에 돈이 갈 길을 잃어 헤매고 있다. 많은 경험을 하고 기회를 발견하라. 돈은 따라오게 되어 있다.

당신도
투자의 신이
될 수 있다.

chapter
04

PART 01

대다수가 가는 길에는
돈이 없다.

"소문난 잔치에 먹을 것 없다."

-속담

우리 인생은 나 보다 주변의 만족을 위해 살아간다. 고등학교 졸업하면 좋은 대학에 가야하고 대학을 졸업하면 취업을 해야 한다. 결혼을 해야 하고 아파트를 사서 살아야 한다. 당연한 일처럼 느낀다. 대학에 안 들어가면 인생의 낙오자 대접을 받는다. 직장에 들어가 돈을 벌지 않으면 잉여 인간 취급을 받는다.

이런 환경에서 벗어나야 한다. 자신의 인생을 살아야 한다. 대기업에 들어가면 부모님이 좋아한다. 친구들이 좋아한다. 정작 본인은 힘이 든다. 주변의 기대를 만족시키기 위해 일한다. 필자의 친구 중에 삼성맨이 있다. 필자는 너무 좋다. 삼성전자 다니는 친구를 자랑할 수 있기 때문이다. 자랑스럽다. 이런 사람이 내 친구라는 것이 행복하다. 그의 아내도 마찬가지다. 자기 신랑을 자랑스러워한다. 본인만 힘들어한다. 자신이 잘 살고 있는지 항상 고민한다.

그동안 우리가 강요받아 온 방식이다. 꼭 대학에 가야 하는 것, 꼭 직장에 들어가야 하는 것, 우리나라 교육 시스템이 만들어 낸 것이다. 학교 교육은 절대 대다수를 부자로 키우지 않는다. 대학을 나오고 대학원 까지 간다. 유학까지 다녀와서 대기업에 들어간다. 회사에서 열심히 일하고 40대가 되면 퇴직 준비를 해야 한다. 퇴직 후에 사업을 한다. 잘 할 수 있겠는가? 사업을 하는데 단 한 번도 망하지 않고 성공한다? 오히려 이상하지 않은가? 프랜차이즈 창업을 해서 3년 이내에 문닫는 곳이 50%가 넘는다.

대다수가 가는 길이 안정적일 거라는 착각을 하고 산다. 절대 안정적이지 않다. 야생 인간보다 더 위험하다. 그 길은 정답이 아니다. 돈이 없다. 풍요로움과 자유시간도 없다. 욕심 많은 부자들은 보통 사람이 돈에 눈뜨기를 원치 않는다. 직장인 마인드에 가둬 두기를 원한다. 직장 생활 매트릭스에서 빠져 나올 수 없게 만들어 놓았다. 과감하게 빠져 나와야 한다. 사회의 매트릭스에서 자유로울 수 있어야 한다. 대다수가 가는 길은 사회 구조가 만들어 낸 길이다. 그 곳에서 벗어나는 것이 큰 부자가 될 수 있는 첫 걸음이다.

취업포털 커리어 조사에 따르면 입사경쟁률 평균이 100대 1을 넘어섰고 최대 742대 1의 경쟁률을 기록한 곳도 있다고 밝혔다. 필자의 친구처럼 모두가 대기업에 들어 갈 수는 없다. 모두가 공무원이 될 수는 없다. 좁은 문이다. 대학 졸업자 대 다수가 그 좁은 문을 들어가기 위해 처절한 몸부림을 한다. 필자는 742대 1의 경쟁률을 뚫고 대기업에 입사할 자신이 없다. 능력도 없다. 일찍 포기하는 것이 유리하다. 내 길이 아니기 때문이다. 큰 부자는 될 수 있다. 경쟁이 치열 하지도 않다. 무엇보다 재밌다. 인생의 주인으로 살 수 있다. 즐기면서 살 수 있다. 더 많은 것을 체험 할 수 있다.

대다수가 가지 않는 길에 기회가 있다. 블루 오션이다. 파이가 아무리 크다 해도 나눠 먹을 사람이 많으면 의미가 없다. 작은 파이라도 경쟁이 없다면 가져가는 것이 많다. 대다수가 걷지 않는 길을 걸어보라. 기회가 많다. 경쟁을 피해야 한다. 야생 인간이 되어야 한다.

투자도 마찬 가지다. 아파트 분양에 대다수가 몰린다. 신중할 필요가 있다. 수익을 크게 거두는 곳도 많다. 그것이 당신 일거라는 착각은 버려야 한다. 부자가 될 수 있는 투자처는 여유롭다. 부자들이 잘 알려주지 않기 때문이다. 당신이 거대 부자라고 생각을 해 보라. 부자가 되는 길을 알고 있다고 생각해 보라. 그 비법을 다 알려 줄 수 있겠는가? 당신이 힘이 있다면 부자 되는 길보다 다른 곳에 관심을 갖게 할 것이다. 그 동안은 아파트로 부자가 된 사람이 많이 나왔다. 앞으로도 그럴 것인지는 장담할 수 없다.

땅은 대다수 사람에게 관심이 없다. 큰 부자가 될 수 있는 입구인데 말이다. 그렇기 때문에 부자가 되고 싶은 사람은 누구나 될 수 있다는 것이다. 경쟁이 없기 때문이다.

지인 중에 땅으로 거대 부를 이룬 사람이 있다. 시골에 밭을 사러 갔다. 평당 60만원이었다. 100평이 넘는 땅이었다. 그는 돈이 없었다. 밭

옆에 보니 푹 꺼진 땅에 삼각형으로 된 못생긴 땅이 있었다. 수십 평 되는 못 생긴 땅을 60만원 주고 샀다. 그 땅을 평평하게 만들었다. 오랜 세월이 흘렀다. 그는 그 땅이 있는지 조차 모르고 살았다. 어느 날 그 땅이 개발이 되고 아파트가 들어섰다. 4억이 넘는 돈을 받고 팔았다.

지금은 이처럼 거대한 빅뱅이 일어나기는 어렵다. 하지만 비슷하게는 할 수 있다. 형편없는 못생긴 땅을 사서 사용하기 좋게 만든다. 건물을 지을 수 없는 땅을 사서 형질 변경을 하기만 해도 땅의 가치는 달라진다. 기회가 많이 있다.

대다수 사람들이 가지 않는다. 땅은 환금성이 떨어진다고 한다. 맞는 말이다. 아파트 한 채 사서 평생 대출 갚아 가면서 사는 것보다는 훨씬 좋다. 돈이 많아서 아파트도 사고 오피스텔도 사고 상가도 사고 땅도 사면 좋을 것이다. 그렇지 않다면 부자가 될 수 있는 스텝을 밟아야 한다. 대다수가 가는 길은 부자의 길이 아니다. 아파트로 시작하는 것은 부자의 길이 아니다. 대다수가 가지 않는 길. 그 길이 블루 오션이다.

투자의 눈을 바꾸면 인생이 달라진다. 첫 단추를 잘 꿰어야 한다. 나머지는 순조롭게 흘러 갈 것이다. 첫 단추를 잘 못 꿰면 그 다음 일을 아무리 잘 한다 해도 의미가 없다. 헛걸음이 되는 것이다. 멀다고 생각하는 길이 가장 빠른 길이다. 안정적이라고 생각하는 직장이 가장 위험한 곳이다.

선수가 아니어도 기회는 존재한다.

2016년 세계 경제는 2.5~3.0% 수준의 성장률을 기록할 전망이다. 세계가 저성장 국면에 들어선 것이다. 미국 중앙은행도 9년 만에 기준 금리를 인상하긴 했지만 경기가 회복세에 들어선 것은 아니다. 신흥국은 2000년대와 같은 고성장을 기대하기는 어렵다. 시대가 바뀌었다. 저성장 시대로 들어섰다는 것은 신흥 부자가 탄생할 확률이 그만큼 낮아 졌다는 말도 된다. 그렇다고 투자 기회가 모두 사라진 것은 아니다. 사양 산업이 있으면 신생 산업이 성장하기 마련이다. 인류가 존재하는 한 지속 가능한 산업은 있기 마련이다.

시대의 변화가 빠르다. 변화 속에 기회가 있다. 변화의 속도가 다르다. 기회는 너무 빠르게 지나간다. 지금은 산업혁명 시대를 넘어 정보혁명 시대로 진입했다. 산업혁명은 주도권에서 밀려났다. 정보혁명은 이미 우리 일상에 깊숙이 침투해 있다. 스마트폰으로 모든 것을 통제하는 시대가 왔다. 세상의 질서가 바뀐 것이다. 절박함이 있다. 변화에 더욱 민감하게 반응해야 한다. 지금은 수많은 사물을 연결하는 사물인터넷 시대이다. 수많은 사람과 사물들이 주고받는 데이터를 분석하는 빅 데이터 시대다. 드론과 로봇 산업이 성장하고 있다. 전통적인 제조 업의 방식이 바뀌고 있다. 그 말은 제조업의 일자리는 사리진다는 것을 의미한다. 인간이 할 수 있는 일을 로봇이 얼마든지 대체 할 수 있다는 것이다. 일자리가 그만큼 줄어든다는 것이다.

시대의 급 변화를 보면서 긴장할 수밖에 없다. 미래가 불안할 수밖에 없다. 하지만 기회는 항상 존재한다. 선수가 아니 여도 기회는 존재한다. 세계경제의 저성장 속에서도 기회는 존재한다. 우리 모두가 글로벌 리더가 될 수 있다면 좋겠다. 그럴 수 는 없다. 글로벌 리더가 아니어도 기회는 존재한다. 저성장을 두려워 할 필요는 없다. 우리는 글로벌 기업을 세우는 것이 목표가 아니다. 가장 앞서가는 기술을 개발하는 것이 목표가 아니다. 주어진 환경에서 부자가 되는 것이 목표다. 세계 100대 부자가 되는 것이 목표가 아니다. 빅뱅이 일어나 세상이 뒤집힌 다면 모르겠지만 쉽지 않다. 하지만 누구나 꿈꿀 수 있는 수백억 대 부자는 가능하다. 모든 국민이 수백억대 부자가 될 수 있다. 기회가 있다. 그만큼의 돈은 널려있다. 극소수의 사람이 큰돈을 움켜지고 있지만 그래도 수백억대 부자는 될 수 있다. 의식과 스킬을 통해 가능하다. 이 시대에 석유를 파서 부자가 되기는 어렵다. 로스차일드나 록펠러 같은 부자가 될 수는 없다. 그런 부자가 되기 위해서는 세계 역사를 다시 써야 가능할 것이다. 전혀 불가능 하다는 것은 아니지만 쉽지 않다는 것이다. 소소한 수백억대 부자를 꿈꾸자는 것이다. 그 정도는 누구나 할 수 있다는 것이다. 선수는 아니지만 누구나 부자는 될 수 있다. 그 기회는 항상 존재한다. 시대가 어떻게 변하더라도 기회는 존재한다.

보통 사람은 항상 안정된 것을 찾는다. 지금 시대에 안정적인 것은 없다. 기회는 항상 위험 속에 있다. 지금 같은 저 성장 시대에 땅 투자는 위험하다. 그 위험 속에 기회가 있는 것이다. 주식 투자도 마찬가지다. 글로벌 경기 침체 하는 국면에 투자는 위험하다. 이런 순간에도 기회는 존재한다. 위험이라는 것은 마음속에 존재하는 것이다. 생각이다. 위험 할 거라는 생각. 직장에서 나가면 낭떠러지에 떨어질 거 같은 위기감을 느낀다. 막막할 뿐이다. 직장에 나왔을 때 그동안 못 보았던 것들이 보일 것이다. 가장 중요하다고 움켜지고 있었던 것들이 당신의 성장을 막고 있었음을 알게 될 것이다.

이론 적으로 똑똑한 사람은 위험을 감수하지 않는다. 위험에 처 할 것이 자명한데 할 필요를 느끼지 못한다. 이 시대에는 할 수 있는 것이 아무것도 없다. 이론적으로 맞는 말이다. 현명한 선택 일수도 있다. 상식적이지 않은 것에는 도전하지 않는다. 일이 잘 못된 거에 대한 이유를 너무 잘 알고 있다. 왜 자명한 일을 하냐고 꾸지람을 한다. 의식의 힘을 믿는 사람이 있다. 위험 속에서 기회만 찾는다. 저성장속에 돈 길을 찾는다. 틈새시장을 찾는다. 많은 시행착오를 겪으면서 여러 번 망하기도 한다. 실패를 거듭한다. 많은 시행착오를 겪으면서 성공의 원리를 깨달아 간다. 돈 맥을 찾기 시작한다. 돈 버는 원리를 깨닫기 시작한다. 세상이 어떻게 변하더라도 돈 버는 기회는 존재한다는 것을 깨닫게 된다. 이론적인 사람과 의식의 힘을 믿는 사람의 10년 후 모습이 어떻게 달라져 있을까?

이론적으로 똑똑한 사람은 확실히 성공이 보장된 사업 아이템을 찾기 위해 많은 지식을 습득한다. 그리고 결론을 얻는다.

"이 시대에는 할 수 있는 것이 아무것도 없다. 가만히 있는 것이 상책이다. 기회가 존재하지 않는다." 라는 결론을 얻게 되었다.

의식의 힘을 믿는 사람은 급 변화는 시대 속에도 기회는 존재한다는 것을 알았다. 많은 실패를 통해 성공의 원리를 깨달았다. 누구나 수백억 대 부자는 될 수 있다는 결론을 얻게 되었다.

이론적으로 똑똑한 사람은 항상 위험을 이야기 한다. 부동산 투자가 위험하다고 한다. 주식투자도 위험하다고 한다. 사업아이템이 위험하다고 한다. 창업은 위험하다고 한다. 그의 이론대로라면 할 수 있는 것이 아무것도 없다. 지금도 주식으로 돈 많이 버는 사람이 있다. 지금도 부동산 투자로 큰 수익을 내는 사람이 존재한다. 지금 이 순간에도 우리 주변에는 수백억대 부자가 끊임없이 탄생하고 있다. 이론이 생각을 장악한 것이다. 이론이 의식의 힘을 붙잡고 있는 것이다. 의식의 힘을 믿고 아무런 지식 없이 무모하게 도전하라는 것이 아니다. 설사 무모하게 도전해서 실패했다고 하더라도 이론을 믿고 아무것도 안 하는 것 보다는 훨씬 낫다. 실패를 통해 공부할 것이기 때문이다. 그리고 또 도전할 것이기 때문이다. 의식의 힘을 믿는 사람은 움직이고 도전한다. 실패를 인정하지 않는다. 부자가 되는 과정이라고 해석한다. 그 실패를 딛고 넘어가야 부자가 될 수 있음을 알고 있다.

시대를 잘 못 타고 났다고 낙망하고 있을 필요가 없다. 지금 만큼 살기 좋은 시대도 없다. 세상이 급변하지만 이 속에 기회를 발견해야 한다. 자신의 꿈을 설계하고 도전해야 한다. 주식투자, 부동산 투자가 나쁜 것이 아니다. 능력이 없는 것이 문제다. 도전하지 않는 것이 문제다. 이론으로 완벽한 것이 문제다. 이론 데로라면 방에만 있어야 한다. 방에만 있는 것이 가장 안전하기 때문이다. 자신의 능력을 개발해야 한다. 부자가 되는 능력을 개발하고 도전해야 한다. 도전하고 부딪혀 볼 때 능력은 개발된다. 다른 사람보다 많이 경험해보고 실패해 보는 것이 능력이 된다.

PART 02

나만의 파이프라인을
만들어라.

한 우물을 파면 한 가지 일만 할 수 있다. 한 분야의 전문가가 될 수 있다. 요즘은 어떤 분야이든 전문가는 넘쳐난다. 경쟁력이 떨어질 수밖에 없다. 여러 가지 일을 하면 장점들이 있다. 여러 분야의 전문가가 될 수 있다. 박사처럼 잘 할 필요는 없다. 그 일에 대한 자기만의 노하우를 가지면 된다. 그것이 전문가다. 일의 성격은 다르지만 성공 요인은 하나로 모아진다. 일의 성격은 다르지만 모두 한 고리로 이어진다. 여러 가지 일을 하면 큰 시너지 효과도 기대할 수 있다. 엔터테인먼트와 금융, 건설은 각각 다른 일로 보이지만, 한 고리로 이어져 있다. 금융회사는 건설회사에 투자하고 건설회사는 엔터테인먼트 회사에 투자한다. 건설은 정치권과 밀접한 관계가 있다.

여러 가지 일을 해 보면서 자기만의 노하우를 만들어야 한다. 자신만의 파이프라인을 만들어야한다. 꼭 일을 해야만 돈을 버는 것이 아니다. 자신만의 시스템을 만들면 일을 하지 않아도 된다.

대표적인 예가 상가 투자다. 부동산 컨설팅 일을 하면서 자신도 직접 투자를 하는 것이다. 창업 컨설팅 일을 하면서 본인도 직접 창업을 하는 것이다. 부동산 컨설팅 일을 하면 부동산 정보를 얻을 수 있다. 고객들은 어떤 것이 최상의 물건인지 알 수가 없다. 컨설턴트는 모든 정보를 가지고 있기 때문에 비교 분석이 가능하다. 일하는 중에 특별하게 좋은 물건 들이 나온다. 일명 특급물건 이다. 그럴 때는 자신이 특별히 아끼는 고객에게 먼저 알려 준다. 아끼고 아꼈다가 자신의 지인에게 먼저 알려 준다. 능력이 된다면 본인이 직접 투자도 한다. 일반 고객보다 훨씬 좋은 조건에 있는 것이다. 정보를 가지고 있기 때문이다.

필자가 창업컨설팅 회사에서 일할 때 이다. 서울에 있는 주요 상권의 상가 데이터를 보유하고 있었다. 상가 평수부터 보증금, 월세, 권리금, 매출, 직원, 고정 지출까지 모두 알 수 있었다. 1억을 투자하면 이자와 한 달 고정 지출을 제하고 몇%의 수익을 얻을 수 있는지 알 수 있었다. 손인분기점이 1년이 걸릴 지 1년 6개월이 걸릴 지 쉽게 계산할 수 있었다. 수 많은 매물들 중에 간혹 특급매물이 나온다. 절대 주변에 알리지 않는다. 특급매물만 따로 관리 한다. 이 매물을 소개해 주면 계약 할 사람에게 긴밀히 알려준다. 또는 창업을 생각하는 지인에게 소개해 준다. 창업컨설팅 회사에서 일을 하기 때문에 가능한 것이다. 필자가 고객이었다면 특급매물을 만나기는 어려웠을 것이다. 필자에게 오기 전에 없어진다. 계약 수수료로 수입이 발생하지만 능력만 되면 직접투자도 할 수 있다. 성공 확률이 상당히 높다. 자신의 돈을 투자 하는데 가장 특급매물을 선정 할 것이다. 데이터도 정확한지 확인하고 또 할 것이다. 몇 번이고 찾아가고 장사가 되는지 살필 것이다. 실패할 확률이 낮을 수 밖에 없다. 창업컨설팅 회사에서 일하면서 수

수료를 벌고, 직접 투자해서 수익을 거두는 것이다. 이것이 하나의 파이프라인이 되는 것이다. 창업컨설팅 회사에서 일 하면서 사업도 할 수 있다. 시스템을 돌리는 것이다. 사장이 없어도 매장이 돌아갈 수 있는 시스템이다. 직원을 고용해서 매장을 운영하는 것이다. 몸은 하나여도 능력이 된다면 10개의 매장도 운영할 수 있다. 특급매장 하나만 잘 운영해도 부자가 될 수 있다. 특급매장이 화려하고 깨끗하고 근사할 필요는 없다. 돈이 벌린 다면 업종은 크게 상관없다.

창업컨설팅회사의 한 선배는 5개 이상의 매장을 직접 운영한다. 사장이지만 매장으로 출근하지 않는다. 근사한 카페일 거 같지만 그렇지 않다. 허름한 세차장이다. 위치도 좋지 않다. 세차장의 투자자금과 월 수익을 알기 때문에 바로 투자를 했다. 특급 매물이었다. 소자본으로 세차장을 인수했고 직원을 고용했다. 한 달에 고정 수익이 안정적으로 쌓였다. 컨설팅 일을 하지 않아도 된다. 고객들을 만날 필요도 없다. 그런데도 꾸준히 일을 한다. 초특급매물을 잡기 위해서다. 투자자금을 준비하고 있다가 특급 매물이 나오면 시작하는 것이다. 매장을 팔 때는 살 때보다 더 좋은 가격으로 판다. 그 선배가 수십억대 부자인 것이 전혀 어색하지 않다. 당연한 것이다. 곧 백억 대 부자가 될 것이다. 부자가 탄생하는 업종 중에 창업컨설팅이 있는 이유다. 타고 다니는 차가 기본 벤츠다. 처음은 힘들다. 5년 내에 CEO가 되겠다는 마음으로 임하면 누구나 가능하다. 성공한 선배를 롤 모델로 삼고 카피하면 된다. 매장을 판다는 생각도 중요하고 계약하는 것도 중요하다. 특급매물을 찾는다고 생각하라. 특급매물에 투자하겠다는 마음으로 일을 하면 좋다.

증권정보회사도 마찬가지다. 전문분야 이기는 하지만 정보가 모이
는 곳이다. 쉽게 접근하기는 어렵다. 뜻이 있는 사람은 한번쯤 해볼 만
한 일이다. 실시간으로 투자가치가 있는 정보를 얻을 수 있다. 명심해
야 할 것이 있다. 당신이 듣는 정보는 가장 마지막 단계 일 가능성이
높다. 좋은 정보는 절대 공짜가 없다. 당신이 듣는 정보에 이용당할 수
있어서 조심해야 한다. 증권정보회사에서 일을 하면 돈 있는 투자자도
만날 수 있다. 큰 부자들이다. 투자자금이 어디로 흘러가는지 알 수 있
다. 실력이 있다면 직접 투자도 의뢰 받게 된다. 회사에서 일도 하고
좋은 기업에 직접 투자도 하는 것이다. 직접 투자는 출근 할 필요도 없
다. 기업의 CEO들이 투자자를 대신해 일한다. 투자가치가 있는 회사
는 시간이 흐르면 수익을 안겨 줄 것이다. 하나의 파이프라인이 만들
어 진다.

파이프라인을 만들 수 있는 업종들에서 일을 하면 좋다. 정보가 모
이는 곳에 돈이 있다. 만만하고 쉬운 일은 없다. 그곳에서 자신만의 노
하우를 만들어라. 자신만의 파이프라인을 만들어라. 큰 부자가 되는
것은 생각보다 쉽다. 우리 주변에 큰 부자들이 생각보다 많다. 부자가
탄생하는 업종에서 일을 하고 성공한 롤 모델을 카피하면 된다. 당신
도 부자가 될 수 있다. 누구나 큰 부자가 될 수 있다.

파이프라인을 무한 확장해야 한다. 시간과 노력을 투자해서 자신을 성장시켜야 한다. 다양한 산업에 몸을 담아 경험을 해야 한다. 일만하는 것이 아니라 그곳에서 파이프라인 설치를 해야 한다. 직장에 다니면서 얼마든지 주식투자를 할 수 있다. 공무원 일을 하면서 얼마든지 법원 경매를 할 수 있다. 프랜차이즈 사업을 하면서 얼마든지 땅 투자를 할 수 있다. 프랜차이즈는 하나 뿐 아니라 능력에 따라 세 개 네 개도 얼마든지 운영 가능하다. 경험을 쌓는 것이 중요하다. 건설과 부동산 컨설팅 일도 해보는 것이 좋다. 도매업에서 일을 해보는 것도 좋다. 무역업에서 일을 해보는 것도 좋다. 외제차 세일즈를 해보는 것도 좋다. 금융업에서 일을 해보는 것도 좋다. 수십억대 부자들이 흔한 곳이다. 그곳에서 자기만의 파이프라인을 만들어야 한다. 파이프라인이 하나일 때 보다 두 개가 좋다. 당연히 많을수록 좋다. 다만 관리가 가능해야 한다. 능력이 되어야 한다.

앞으로 일자리는 감소 할 것이다. 고용은 불안해 진다. 인구 고령화는 이미 심각한 수준에 있다. 미래에 대한 불확실성이 커지고 있다. 미래를 준비해야 한다. 도전해야 한다. 개척해야 한다. 개척하는 것이 위험한 것이 아니다. 머물러 있는 것이 위험한 것이다. 1990년대에 도전은 선택이었다. 지금은 선택이 아니다. 필수다. 살기위한 도전인 것이다. 도약을 위한 도전이 아니다. 죽지 않기 위한 도전이다. 살기위한 개척인 것이다. 치열한 야생에서 살아남아야 한다. 머물러 있다면 10년 후에는 더 가난해 질 것이고 더 어려움에 처하게 될 것이다.

직장인들은 월급날을 기다린다. 월급이 영원하지 않을 것이라는 것을 자신이 더 잘 안다. 미래에 대한 불안감도 있다. 한 달 열심히 일해도 저축할 여력은 없다. 지출이 늘어날 뿐이다. 물가는 올라가고 월급은 그대로다. 그마저도 자리 보존이 어렵다. 언제 퇴직하게 될지 알 수 없다. 개인의 시간은 꿈도 못 꾼다. 잘 살고 있는 것인지 하루에도 수십 번 생각하게 된다. 하지만 가족을 위해 계속 일해야 한다. 멈추면 넘어진다. 멈추면 가족이 위기에 처한다. 이것이 현실이다. 부자의 길은 다르다. 파이프라인을 설치하는 것이다. 자수성가한 부자들은 어려움과 실패를 딛고 파이프라인을 설치했다. 설치하는 동안은 수많은 무시를 받는다. 배고픔이 따른다. 그 과정을 이겨낸 것이다. 몇 년 동안은 투자만 이루어진다. 들어오는 돈이 없다. 지출만 계속 발생한다. 파이프라인이 완성 되면 상황이 달라진다. 파이프라인이 알아서 돈을 벌어준다. 시스템이 돈을 벌어준다. 밸브만 열면 돈이 나오는 것이다. 열심히 출근하지 않아도 알아서 회사가 돌아간다. 한 곳에서만 돈이 나오는 것이 아니다. 이곳저곳에서 돈이 들어온다. 돈 세는 것이 일이다. 투자할 곳을 찾는 것이 일이다. 또 다른 파이프라인을 찾는 것이 일이다. 또 다른 기회를 찾는 것이 일이다. 노는 것과 일하는 것이 모호 하다. 땅 보러 가는 것이 여행이다. 투자할 상가를 보는 것이 쇼핑이다. 책을 읽는 것이 투자와 연결되고 사업과 연결된다. 취미가 곧 일이고 일이 취미다. 자유롭게 시간을 조절할 수 있게 된다. 자신의 시간을 스스로 조절한다. 쉬고 싶으면 쉴 수도 있다. 일하는 것이 쉬는 것이기 때문에 따로 쉬는 시간을 갖지 않는다.

인생은 선택하는 것이다. 결단이 필요한 것이다. 파이프라인 설치에 관심을 가져야 한다. 안정적인 곳에 머물러서는 안 된다. 파이프라인을 설치하는 시간은 많이 걸린다. 시간과 비용이 많이 든다. 그 과정이 결코 즐겁지만은 않다. 파이프라인을 설치한다고 돈이 계속 나올 거라는 보장이 없기 때문이다. 그래도 도전하는 것이다. 파이프라인을 10개 설치해서 그중에 3개만 돈이 나와도 성공한 것이다. 많이 나올수록 좋겠지만 그렇지 않더라도 시간이 지나면 투자 자금은 회수 할 수 있고 수익이 발생 할 수 있다.

부정적인 생각이 가난을 만드는 것이다. 스스로 자극해야 한다. 스스로 동기부여를 해야 한다. 책을 읽고 성공한 사람들을 가까이 해야 한다. 부자의 사고방식과 가난한 사람의 사고방식은 완전히 다르다. 품어져 나오는 에너지가 다르다. 가난한 사람과 어울리면 가난한 사고방식에 노출된다. 부자들과 어울리면 부자의 사고방식에 노출된다. 적극적으로 환경을 바꾸는 것이 필요하다. 당신 한 몸이 움직이면 된다. 머물러 있으면 주변은 절대 바뀌지 않는다. 당신이 움직이면 쉽다. 자기계발 서적을 무시할 필요는 없다. 책 한권을 읽고 하루 동안 에너지가 넘치는 삶을 살았다면 이득을 본 것이다. 충분한 가치를 한 것이다.

부자와 가난한 사람은 서로 다른 길을 가고 있다. 시간이 흐를수록 격차는 벌어진다. 길이 다르기 때문이다. 사는 것은 똑같아 보이지만 같은 삶이 아니다. 부자는 시스템을 가지고 있다. 가난한 사람은 노동력을 가지고 있다. 직접 일을 해야 돈이 벌리는 것이다. 그마저도 노동력 대비 얻는 돈은 작다. 노동을 필요로 하는 곳도 줄어든다. 부자는 시스템이 돈을 벌어준다. 시스템이 일하는 것이다.

회사를 7개 운영하는 지인이 있다. 건설과 유류사업 등 6개 회사는 시스템이 일한다. 각각의 책임자가 회사를 운영한다. CEO가 출근하지 않아도 수익이 발생하는 것이다. CEO는 하나의 회사에 집중한다. 신규 사업에 집중하는 것이다. 바닷가에서 전복사업을 시작한 것이다. 새로운 파이프라인을 만든 것이다. 3년 동안은 투자만 했다. 예상보다 훨씬 많은 자금이 들어갔다. 바다에서 사업을 하기 때문에 돌발 상황도 많았다. 그만큼 손실도 발생했다. 3년 동안은 어려움이 많았다. 위기의 연속이었다. '과연 성공할 수 있을까?' 의문이 들 정도였다. '언제쯤 전복을 팔수 있을까?' 지켜보는 사람도 답답할 정도였다. 이미 투자한 자금만 3억 원이 넘어갔고 또 얼마나 더 들어갈지 감을 잡을 수 없었다. 3년이 흘렀다. 첫 판매를 시작하게 되었다. 판매수익금에 놀랄 수밖에 없었다. 3년 동안 투자한 자금을 짧은 시간에 회수 했다. 시간이 지나면 전복은 계속 자란다. 관리만 해 주면 된다. 그 사업에 책임자를 세워 두었다. 이제는 직접 바다에 갈 필요가 없다. 여행 삼아 가끔씩 가서 관리하고 있다. 바다에서 꾸준히 돈을 벌게 된 것이다. 파이프라인을 설치 한 것이다. 꾸준하면서 큰 수익이 발생하게 된 것이다. 하나의 롤 모델이 된 것이다. 그 CEO는 또 다음 사업을 준비하고 있다. 일 하는 것이 노는 것이다. 어느 곳에도 출근하지 않는다. 파이프라인을 만들었기 때문이다. 시스템을 만들었기 때문이다. 땅과 바다에서 수익이 발생하고 있다. 도전했기 때문에 가능한 일이다. 시도해 보았기 때문에 성공한 것이다. 그동안 남들보다 많은 실패를 해 보았기 때문에 성공한 것이다. 남들보다 크게 망해 보았기 때문에 부자가 되는 방법을 깨달은 것이다. 도전하고 부딪히는 것이 부자가 되는 방법을 알게 해준다.

PART 03

돈의 흐름을
이해하라.

"돈은 반드시 움직이게 되어 있다.
그 흐름만 잘 파악하고 그 길목에 서 있으면
부자대열에 올라 설 수 있다."

-무명의 사업가

　돈이 흐름을 이해하면 투자의 신이 될 수 있다. 돈은 큰 물줄기가 있다. 돈이 어디로 흘러 가는지 꾸준히 관찰해야 한다. 국제 금융에 관심을 가질 필요가 있다. 이 세상의 돈을 움직이는 세력을 파악해야 한다. 세력의 생각을 파악해야 한다.

　로스차일드 가문만 연구해도 국제금융의 큰 틀을 이해 할 수 있다. 화폐전쟁 책에 따르면 로스차일드 가문 재산은 50조 달러로 추산하고 있다. 우리나라 돈으로 환산하면 5경정도 된다. 미국 GDP가 17조 달라다. 로스차일드 가문 재산은 미국 GDP보다 몇 배나 많다. 전 세계 돈의 60%를 장악하고 있다. 어느 정도 규모인지 이해하기 어려울 것이다. 빌게이츠 재산이 100조 정도다. 5경이라는 숫자가 감이 오는가?

로스차일드 가문은 1744년에 미디어 암셀 로스차일드로부터 시작됐다. 다섯 명의 아들을 유럽 5개 나라에 보냈다. 각국 왕가와 금융관계를 맺은 아들들은 금융계 정보력과 자본력을 가지고 전쟁에서 엄청난 재산을 불렸다. 유럽 금융계를 장악했다. 19세기 전 세계 최강국 이었던 영국의 금융계를 장악하게 되었다. 이후에 미국에 진출하여 금융계와 산업계를 장악했다. 로스차일드와 연합한 신흥 부자 가문도 탄생했다. 록펠러, JP모건 가문이다. 이 가문이 지금까지 전 세계 금융을 이끌어 오고 있다. 이 가문은 수세기 동안 전쟁, 주식, 부동산, 자원, 기업, 금융을 통해 엄청난 재산을 축적하고 있다. 엄청난 정보와 네트워크를 바탕으로 세상을 조정하고 있다. 흥미롭지 않은가? 큰 부자가 되고 싶다면 더 깊이 있게 공부 할 필요가 있다. 1997년 IMF가 우연히 온 것이 아님을 알게 될 것이다. 2008년 서브프라임 사건도 예측할 수 있었을 것이다. 앞으로 어떤 상황이 펼쳐질지 예측 할 수 있다. 준비하게 된다. 투자를 해야 할 때인지 대출을 상환해야 할 때인지 명확하게 판단할 수 있다. 실패 확률을 낮출 수 있다. 남들이 투자 한다고 따라 하지는 않을 것이다. 2008년 펀드 투자가 그렇다. 너도 나도 모두 펀드에 몰렸다. 직장인들도 대부분 투자했다. 결혼자금을 넣어두기도 했다. 투자자금은 반 토막이 났다. 그 이상의 손실을 본 사람도 많다.

돈의 흐름을 이해하면 투자의 주인이 될 수 있다. 방송에서 말하고 신문에서 떠드는 것에 영향을 받지 않는다. 방송과 신문에서 말하는 것에 반대로만 해도 절반은 성공한다. 아파트 사라고 할 때 아파트를 파는 것이 유리하다. 다 망하고 희망이 없다 할 때 사는 것이다. 전쟁 난다고 자산이 폭락할 때 사는 것이다. 경기가 회복 되는데 10년 이상 걸린다고 할 때 사야 한다. 금융과 미디어는 밀접한 관계가 있다. 금융이 미디어를 장악하고 있다. 금융을 지배하는 사람들이 유리하게 미디어는 일한다.

1997년 IMF 때 망한 지인이 있다. IMF전에는 어떤 사업이든 호황이었다. 대출 이자도 저렴했다. 사업만 차리면 돈이 벌렸다. 먹는 사업은 망하지 않는다는 말도 있었다. 사업이 잘되니 무리하게 확장을 했다. 대출도 무리하게 받았다. 평생 큰 사업가로 살아 갈 것만 같았다. 마치 거대한 부자가 된 것 같았다. IMF가 오고 기업들이 도산하기 시작했다. 지인도 예외는 아니었다. 매출이 반 토막이 나고 이자는 폭등했다. 결국 이자를 감당하지 못하고 문을 닫았다. 지인뿐만 아니라 대부분 사업가들이 어려움을 당했다. 직장인들도 구조조정을 당했다. 돈의 흐름을 이해하고 있었다면 무리한 투자를 하지 않았을 것이다. 경기 과열 이였다. 금융의 큰 틀을 이해하고 사업을 한다면 큰 위기는 면할 것이다.

반면 IMF때 돈을 번 지인도 있다. 돈의 흐름을 이해하고 있었다. 경기가 과열이고 시간이 흐르면 거품이 붕괴 될 것이라고 생각했다. 경매 물건이 쏟아질 거라고 생각했다. 대출을 줄이고 현금을 준비했다. 경매물건이 쏟아질 때 시세의 절반 이하로 받기 위해서다. 예상대로 IMF는 왔고 경매물건은 쏟아졌다. 그때는 무서워서 경매를 받는 사람이 없었다. 돈의 흐름을 이해한 지인은 과감하게 투자를 했다. 모두가 공포에 떨고 있을 때였다. 빠른 시간에 회복 될 거라는 생각은 아무도 못했다. 그가 지금은 어느 정도 부자가 되었을지 상상이 되는가?

지나간 그때만 적용 되는 사례일까? 지금도 마찬가지다. 과열이다. 가계부채가 사상최대치이다. 1100조를 넘어서고 있다. 대출 광고가 도를 넘었다. 대출받아 아파트 사기를 권유한다. 전세 값은 치솟고 마지못해 아파트를 사고 집을 산다. 자기자본으로 사는 것이 아니다. 무리한 대출을 받고 사는 것이다. 역사는 반복된다. 어디를 향해 가고 있는 것일까? 예측이 불가능한가? 당신도 예측할 수 있다. 누구나 예측 가능한 일이다. 특별한 전문가가 아니어도 가능하다. 예언가가 아니어도 가능하다. 경제적 지식이 박사수준이여서 예측 가능 한 것이 아니다. 대비해야 한다. 미디어에 흔들릴 필요가 없다. 경제의 주인이 되어야 한다. 투자의 주인이 되어야 한다. 판단의 주인이 되어야 한다. 방송과 신문보다는 책을 통해 정보를 얻어야 한다.

객관적이고 정확한 정보를 받아보는 것도 한 가지 방법이다. 필자는 김광수 경제연구소의 자료를 참고한다. 신뢰도가 높다. 많은 사람이 투자의 기준으로 삼고 있다. 어떤 의도를 가지고 정보를 쏟지 않는다. 있는 사실과 데이터를 가지고 미래를 예측한다. 경제공부 하는 데에도 큰 도움이 된다. 미디어에 노출 되어 있는 자료와는 차이를 느끼게 된다.

당신의 돈을 투자 하는 것이다. 근거 없는 정보에 휘둘려서 되겠는

가. 당신은 또다시 위기에 처하지 않아야 한다. 정확한 정보와 자료를 바탕으로 투자를 해야 한다. 많은 사람들이 몰려드는 곳을 피하는 것도 하나의 방법이다. 실패 확률이 낮아진다. 미디어에 노출된 정보는 쉽게 접근할 수 있다. 책을 통해 얻는 지혜는 시간이 많이 걸린다. 누가 당신을 부자로 만들어 주겠는가? 시간을 가지고 꾸준히 공부해야 한다. 내공이 쌓인다면 당신은 큰 부자가 될 수 있다. 투자의 신이 될 수 있다.

세상의 변화를 읽어야 부자가 된다.

"네 자신이 이 세상에서 보고자 하는 변화가 되어라."

-마하트마 간디

　세상 변화의 중심에 서야 한다. 자신이 세상의 변화가 되어야 한다. 돈의 흐름에 중심에 서야 한다. 세력이 주도하는 세상에 휩쓸려서는 안 된다. 세상의 변화를 읽고 파도를 타야 한다. 자신이 주인이 되어야 한다. 세상의 역사를 써 갈수는 없지만 흐름을 잘 타야 한다. 파도에 휩쓸려 다니는 것이 아니다. 변화의 중심에 서는 것이다. 인생은 짧다. 힘 있는 사람이 만들어 놓은 틀 안에서 갇혀 살기에는 인생이 너무나 짧다. 틀 안에서 즐겨야 한다. 틀을 이용해야 한다. 틀을 이용해서 부자가 되어야 한다. 그것이 이기는 것이다. 그것이 틀을 만들어 놓은 세력을 이기는 방법이다. 프로그램을 만드는 사람이 있고 해킹하는 사람이 있다. 우리는 세상을 프로그래밍 할 수가 없다. 역사를 바꿀만한 사명을 가지고 있지 않기 때문이다. 프로그램을 역 이용해야 한다. 그러기 위해서 공부해야 한다. 세상의 변화를 감지해야 하고 돈의 흐름을 이해해야 한다.

우리는 꿈을 꾼다. 5년, 10년 후 모습을 상상해 보라. 지금보다 좋은 기회가 많이 생길 거라고 생각하는가? 지금 보다 살기 좋은 사회가 될 거라고 생각하는가? 지금보다 좋은 일자리가 생길 거라고 생각하는가? 갈수록 어려워 질 것이다. 갈수록 일자리는 없어 질 것이다. 갈수록 성장률은 낮아 질 것이다. 과학과 기술이 발전하는 만큼 인간의 설자리는 좁아 질 것이다. 지금보다 더 심하게 통제 받게 될 것이다. 지금도 살기 힘든 세상이라고 하지만 앞으로는 더 할 것이다. 더 어려워 질 것이다. 우리의 일상은 감시받게 될 것이다. 이것이 세상의 변화다. 시대의 흐름이다. 돈의 흐름이다. 지금 만큼 부자가 되기에 좋은 환경이 없을 것이다. 지금이 기회다. '오늘 아니면 기회가 없다.' 라고 생각해야 한다. 오늘이 마지막인 것처럼 살아야 한다. 더 기쁘고 행복하게 사는 사람이 이기는 것이다.

꿈을 쫓는 사람은 배고플지언정 불행하지는 않다. 배고픔을 통해 빵의 소중함을 안다. 추워보았기 때문에 따뜻한 것이 좋다는 것을 안다. 죽을 고비를 넘겨보았기 때문에 삶의 소중함을 안다. 꿈이 있다면 행동해야 한다. 도전해야 한다. 세상의 변화를 읽고 흐름을 타야 한다. 시간을 낭비하는 사람은 인생조차도 낭비한다고 셰익스피어가 말했다. 우리의 인생이 무한정 있는 것이 아니다. 열정을 찾아야 한다. 교육을 많이 받을수록 생각이 많아진다. 이론이 많을수록 똑똑해진다. 똑똑해지는 만큼 할 수 있는 행동은 제한이 많아진다. 머릿속이 온통 이론적 계산뿐이다. 자신의 이익만을 계산한다. 그만큼 할 수 있는 일은 없다. 좀 더 쉽고 편안 길만 찾는다. 조직 속에서 조금이라도 일을 안 하는 것이 자신에게 이익이라고 생각한다. 똑똑한 것 같지만 자기 발전을 스스로 막는 것이다. 자기 성장을 스스로 막는 것이다. 꿈을 쫓는 사람은 행동하고 본다. 이론이 없어 부딪히고 깨진다. 실패를 통해 교훈을 얻는다. 뜨거운 물에 손을 넣어본 후에 깨닫는다. 이후로는 절대 뜨거운 물에는 손을 넣지 않게 된다. 이론으로 알게 된 것이 아니다. 머리가 계산하기 전에 몸이 반응한다. 부자가 되는 것도 마찬가지다. 부자가 되는 방법을 이론으로 알게 된 것이 아니다. 이론으로 깨닫는 것이 아니다. 동물적 감각으로 아는 것이다. 돈이 되는 것을 감각을 통해 알게 되는 것이다. 몸이 먼저 반응한다. 수많은 실패를 통해 몸이 반응을 하는 것이다. 무미건조한 삶을 사는 것이 아니다. 역동적인 삶을 사는 것이다.

세상의 변화를 읽기 위해서는 신문 기사를 읽는 것도 좋지만 책을 읽는 것이 좋다. 독서를 하면 대뇌 기능이 400%까지 향상된다고 한다. 편지를 쓰거나 일기를 쓰는 사람은 대뇌기능이 크게 발달 해 있다고 한다. 동영상은 그렇지 않다. 바보로 만든다. 생각하게 하지 않는다. 빠져들게 만든다. 멍하게 만든다. 미디어의 종이 되어서는 안 된다. 미디어는 편집된 내용을 주입시키는 역할을 한다. 책은 선택해서 읽는 것이다. 자신이 읽고 싶은 것을 선택해서 읽는 것이다. 여기서부터 차이가 발생한다. 세상의 변화를 원한다면 스스로 변해야 한다. 인생이 달라지기를 원한다면 스스로 행동해야 한다. 이론만 쌓아가는 것은 걸림돌이 된다. 몸이 알아서 행동하게 해야 한다. 많은 사람들은 세상이 변해야 한다고 한다.

행동하지 않으면 걱정이 생긴다. 걱정은 아무런 도움이 안 된다. 걱정이 걱정을 낳을 뿐이다. 행동하지 않는 사람은 매일같이 걱정만 하고 산다. 어떤 일도 일어나지 않는다. 걱정은 걱정일 뿐이다. 걱정하는 것의 대부분은 시간이 흐르면 해결 되는 문제들이다. 자연스럽게 잊혀진다. 그보다 더 적극적인 방법은 행동하는 것이다. 행동하면 걱정은 사라진다. 걱정할 시간이 없어진다. 걱정하기 전에 움직이기 때문이다. 운동도 하나의 방법이다. 운동하면서 걱정하기가 쉽지 않다. 몸이 움직이면 생각도 적극적으로 변한다. 걱정이 앞서기보다 할 수 있겠다는 자신감이 생긴다. 방에서 움직이지 않고 가만히 있으면 걱정이 생긴다. 아무것도 할 수 없을 것 같다. 부정적인 생각이 많이 든다.

세상의 변화 속에 자기중심의 인생 로드맵을 설계해야 한다. 자신이 삶을 주도해야 한다. 스스로 결정하고 한걸음씩 걸어가는 것이다. 대부분은 세상의 변화를 두려워하고 있다. 미래에 대해 불안감을 가지고 있다. 꿈을 꾸고 사는 사람은 현실에 안주하지 않는다. 자신이 삶을 선택한 사람은 흔들리지 않는다. 계속 발전한다. 자신만의 인생 로드맵을 가지고 있기 때문에 성장하는 것이다. 의미 있는 인생을 사는 것이다.

세상의 변화는 냉정하고 가혹하다. 꿈이 없는 세상으로 가고 있다. 꿈 꿀 수 없는 세상으로 가고 있다. 세상은 정해진 길을 가라고 한다. 벗어나면 낙오자로 치부한다. 사회가 원하는 꿈을 꾼다. 부모가 원하는 삶을 산다. 모두가 똑같은 스펙을 쌓기 위해 많은 돈을 투자한다.

모두가 공무원이 되고 대기업에 취직하기를 바란다. 자신의 인생 로드맵이 없는 것이다. 자기 스스로 선택하는 것을 모르는 것이다. 힘 있는 사람이 만들어 놓은 틀에 갇히게 되는 것이다. 자신의 의지로 꿈을 이룰 수 있다. 의식혁명을 통해 꿈을 이룰 수 있다. 사회의 틀에 갇히지 않고 이용할 수 있다. 독서를 통해 세상 이치를 알게 된다. 세상의 변화를 감지하게 된다. 어떤 삶을 살아야 할지 스스로 선택하게 된다.

세상의 변화를 두려워하지 말고 흐름을 타야한다. 행동하는 자만이 세상의 변화를 감지할 수 있다. 돈의 흐름을 이해해야 부자가 될 수 있다. 행동하는 자만이 돈의 흐름을 감지할 수 있다.

PART 04

주식도 투자하는
방법이 있다.

"주식 투자할 때 지켜야 할 두 가지 원칙이 있다.

첫째, 어떠한 경우에도 원금을 잃지 않는 투자를 하는 것.

둘째, 어떠한 경우에도 첫 번째 원칙을 지키는 것이다."

-워렌 버핏

투자는 여러 가지가 있다. 땅, 상가, 아파트, 채권 외에도 많다. 주식도 한 가지 방법이 될 수 있다. 하나의 파이프라인이 될 수 있다. 하루종일 관리할 필요가 없다. 출근할 필요도 없다. 본업을 가지면서 할 수있다. 돈이 일하게 만드는 것이다. 시스템을 만드는 것이다. 안정적인수익이 발생할 수 있다면 주식만큼 좋은 것이 없다. 주식을 직업으로할 필요는 없다. 하루 30분에서 한 시간 정도 투자하는 것이 적합하다.

전업투자 하는 사람 중에는 고수가 존재한다. 큰 수익을 거두는 사람이다. 미디어에 노출이 안 된다. 방송활동 하지 않아도 큰돈을 벌수있다. 주식 관리하고 남은 시간은 여가시간으로 보낸다. 개인 취미 활동이나 가치 있는 일을 한다. 어떤 분야이든 고수가 존재한다. 고수가 하루아침에 탄생하는 것이 아니다. 잘 알 것이다. 얼마나 많은 투자자금이 손실되었을 지. 시행착오 끝에 성공한 것이다. 거듭되는 실패를 딛고 진정한 고수가 된 것이다. 주식의 고수이자 인생의 고수다. 세상의 이치를 깨달은 것이다.

정보에 의한 투자는 피해야 한다. 절대 고급 정보가 당신 귀에 들어가지 않는다. 돈은 위에서 아래로 흐르지 않는다. 정보는 위에서 아래로 흐른다. 당신 주변에 수백억, 수천억대 부자들로 가득 차 있다면 정보를 귀담아 들을 필요가 있다. 그렇지 않다면 정보를 신뢰하지 않는 것이 좋다. 직접 투자를 해본 사람은 잘 알 것이다. 투자정보 방송을 믿었다가 어려움을 당한 사례가 많이 있다.

금융회사에서 일 해보는 것이 좋다. 금융을 이해하는데 큰 도움이 된다. 신세계가 열린다. 회사에서 많은 것을 알려주지 않는다. 스스로 찾는 것이다. 5년 내에 CEO를 목표로 한다면 많은 공부를 할 수밖에 없다. 단순 상품 판매 뿐 아니라 금융 상품을 만드는 기획까지도 관심을 가져야 한다. 직접 투자 하는데 큰 도움이 된다.

필자는 증권정보회사에서 일했다. 고객 만나는 일을 했다. 금융상품을 만드는 일에도 관여했다. 5년 내에 CEO를 목표로 했기 때문에 회사 전반적인 시스템에 관심을 가졌다. 금융공부도 꾸준히 했다. 회사 선배 중에는 투자의 선수도 있었다. 하루30분정도 투자로 월급보다 더 많은 수익을 가져갔다. 자신감도 넘쳐 보였다. 큰 목표를 가지고 있었다. 그 선배를 롤 모델로 세웠다. 옆에서 투자하는 방법도 지켜보았다. 주식투자 운영하는 방법을 카피했다.

증권정보회사 고객은 대부분 부자다. 현금을 보유한 부자다. 큰돈을 어디에 투자해야 할지 고민하는 사람이다. 확실한 투자법과 고객이 확보 되어 있다면 큰 수익이 발생할 수 있다. 호랑이를 잡으려면 호랑이 굴에 들어가야 한다. 부자가 되려면 부자 소굴에 들어가야 한다. 필자는 주변에 투자 잘 하는 사람이 있었기 때문에 직접 투자에 쉽게 접근했다.

'맹모삼천지교' 라는 말이 있다. 맹자 어머니가 자식을 위해 세 번 이사했다는 뜻이다. 인간의 성장에 있어서 환경이 중요하다는 말이다. 자신의 환경이 좋지 않다면 바꾸려 하지 마라. 자신이 스스로 좋은 환경으로 가면 된다. 주변 사람을 바꾸기는 어렵다. 긍정에너지를 얻을 수 있는 곳으로 직접 가는 것이 빠르다. 당신의 롤 모델이 있는 곳으로 찾아가는 것이 빠르다. 성공의 지름길이다.

주식으로 대박을 꿈꾸는 것은 위험하다. 10%의 수익도 만족해야 한다. 그리고 꾸준히 수익을 챙겨야 한다. 10% 수익은 작아 보이지만 꾸준히 쌓이면 무시 할 수 없는 수익률이 된다. 투자를 잘하는 사람이 한 달 평균 2% 수익을 거둔다는 사실이다. 잊어서는 안 된다. 나는 잘 될 것이라는 환상을 버려야 한다. 대박은 없다. 꾸준한 수익은 존재한다.

증권방송을 너무 신뢰 할 필요는 없다. 공부해야 한다. 알지 못하면 손실이 난다. 피 같은 돈이다. 필자도 정보회사에 있다는 자신감으로 투자했다. 남들보다 고급정보를 가지고 있다고 자만했다. 정보만을 가지고 투자하는 것이 아니다. 시세와 수급을 이해해야 한다. 시중에 투자법 책들이 많이 있다. 참고할 필요가 있다. 그중에 자신에게 맞는 투자법이 있을 것이다. 그것을 집중적으로 적용을 해 보아야 한다. 자기만의 투자법을 만들어 가야 한다.

단기간에 큰 수익을 기대하는 것은 욕심이다. 최소 6개월 정도는 운영을 해 보아야 자신의 투자법이 옳은 것인지 판단할 수 있다. 이 기간이 길게 느껴질 것이다. 지금 당장 수익이 발생해도 시원찮은데 6개월이라니. 쉽게 수익이 날 거 같으면 모두가 주식해서 돈을 벌 것이다. 서울대 경제학과 나온 학생은 짧은 시간에 거부가 될 것이다. 하지만 그렇지 않다.

주식으로 수익이 나는 투자자는 자기만의 노하우가 있다. 자신만의 투자법이 있다. 오랜 시행착오 끝에 노하우를 찾게 된다. 우연히 수익이 발생해서 고수가 된 경우는 없다. 자신의 시스템을 대입하고 확인해야 한다. 그 기간이 최소 6개월 이라는 것이다. 6개월은 시세가 한두 번 바뀌는 수준이다. 수많은 변수 중에 한 두 번의 시세변화가 있을 뿐이다. 6개월의 데이터가 평균 데이터가 아니라는 것이다. 최소한의 데이터이다.

주식 투자는 하나의 파이프라인이다. 주식으로 모든 것을 해결 할 수는 없다. 자신의 파이프라인으로 만드는 것이 중요하다. 금융을 이해하는데 도움이 될 것이다. 부자가 되는 밑거름이 될 것이다.

주식 투자는 사업이다.

직장인에게 가장 큰 고민은 물가는 오르는데 비해 수입이 한정되어 있다는 것이다. 종자돈을 모을 수 없는 환경이다. 보험료에 이자, 생활비를 지출하고 나면 저축할 여력은 없다. 적자만 나지 않아도 잘 살고 있는 상황이다. 소득이 100만원이든 500만원이든 직장인들은 항상 수입이 부족하다고 느낀다. 수입이 늘어나면 그만큼 지출도 같이 늘어나기 때문이다. 그것이 현실이다. 소득이 많다고 해서 저축이나 투자를 할 수 있는 상황이 아니다.

큰 종자돈을 만들 수 없는 것이 지금의 상황이다. 큰 종자돈을 만드는 것은 시간이 많이 걸린다. 모으기도 어렵다. 먼저 작은 종자돈을 만들어 투자를 시작해 보는 것도 좋은 방법이다. 이런 환경에서는 작은 종자돈을 여러 번 회전시키는 것이 유리하다. 확실한 수익 모델만 있다면 회전율을 높일수록 수익도 커진다. 작은 종자돈을 만드는 것도 구체적인 계획과 목표가 있어야 한다. 효율적으로 자금운용을 해야 한다. 자기만의 자금 설계를 해야 한다. 수입보다 중요한 것이 지출을 관리하는 것이다. 마인드의 변화가 필요하다. 작은 목표는 얼마든지 이룰 수 있다. 마음먹기다. 사람마다 금액은 다르겠지만 천만 원을 목표로 할 수 있다. 1억을 종자돈으로 모으기에는 만만치 않은 시대다. 천만 원은 마음먹기에 따라 얼마든지 모을 수 있는 자금이다. 천만 원으로 투자해서 안정적인 수익이 발생한다면 그때는 얼마든지 레버리지를 통해 큰 수익을 만들 수 있다. 목표는 작은 종자돈을 만드는 것이 우선이다.

천리 길도 한 걸음부터다. 처음부터 몇 억씩 투자해서 큰돈을 벌 수는 없다. 그렇다고 불가능 한 것은 아니다. 지금도 부자는 탄생하고 있다. 작은 종자돈으로 주식투자를 해서 짧은 시간에 큰 종자돈을 만드는 경우도 있다. 자기만의 수익모델이 발생하면 큰 종자돈으로 투자를 할 수 있다. 말은 쉽지만 결코 만만한 과정은 아니다. 그렇다고 불가능하지도 않다. 부자가 되기 위한 과정이라면 도전해야 한다. 부자가 되는 첫 걸음도 작은 종자돈에서 시작된다. 자금의 규모는 중요하지 않다. 투자를 통해 수익이 발생하는 방법을 깨달아야 한다. 주식투자를 통해 자기만의 수익 나는 기법이 있다면 평생직장을 얻게 되는 것이다. 파이프라인을 만들게 되는 것이다. 그 자체로 의미가 있는 것이다. 언제 잘릴지 모르는 대기업에 취직하기 위해 얼마나 많은 공부를 하는가? 얼마나 많은 투자를 하는가? 그 노력의 10분의 1만 투자해 보라. 주식투자 공부를 해 보라. 평생직장을 얻을 수 있다. 세계경제를 보는 눈을 가지게 될 것이다. 미래를 보는 눈을 가지게 될 것이다.

어떻게 하면 지금보다 부자가 될 수 있을지 생각해야 한다. 많은 사람들의 공통적인 고민이다. 돈 나갈 일은 너무나 많다. 결혼도 해야 하고 집도 사야한다. 돈은 벌 때 모아야 한다. 작은 종자돈으로 자산을 키워나가야 한다. 작은 돈으로 큰 효과를 내야 한다. 지금은 금리가 낮기 때문에 높은 금리 상품을 찾는 것보다 한 달에 5만원이라도 모으는 것이 빠르다. 종자돈을 마련하기에 더 좋은 방법이다. 겨자씨만한 작은 돈으로도 큰 숲이 될 수 있다. 종자돈을 모으는 것도 습관이다. 푼돈을 모으면 작은 종자돈이 된다. 습관만 바꿔도 부자의 반열에 줄을 설수 있다.

주식 투자는 사업이다. 사업의 관점으로 주식을 분석해야 한다. 주식투자를 사업처럼 준비해야 한다. 작은 자본으로 최고의 수익률을 내기 위해 분석해야 한다. 주식투자에 성공한 사람은 사업에서도 성공할 수 있다. 충분한 준비 없이 쉽게 돈을 벌 수 있다는 생각은 버려야 한다. 한 사업을 시작할 때 적당히 준비해서 하는 사람이 있을까? 엄청난 분석과 시장조사를 해도 실패 요인은 수백 가지가 넘는다. 적당히 준비한다는 것은 스스로 위험에 뛰어드는 것과 같다. 주식투자는 더 준비해야 한다. 더 철저하게 시장을 분석해야 한다. 실패요인을 하나씩 제거해야 한다. 투자하는 회사를 자기 회사처럼 생각해야 한다. 자기 사업이라고 생각해야 한다. 자신이 그 회사의 CEO라고 생각해야 한다. 절대 적당히 투자하는 일은 없을 것이다. 공부하고 분석하고 준비할 것이다. 성공 데이터가 쌓여 갈수록 당신은 부자가 되어 갈 것이다. 확률을 높여야 한다. 10개의 회사에 투자해서 80%의 승률을 가지고 있다면 당신은 부자가 되는 것이다. 돈은 언제나 준비되어 있다. 은

행에 있는 돈을 당신이 가져다 쓰면 된다. 빌려 쓰면 된다. 승률이 중요하다. 자기만의 수익 나는 기법을 찾아야 한다.

주식시장은 변수가 많다. 이론대로 올라가고 내려가는 것이 아니다. 변수의 시장이다. 그 변수에 대응하는 것이 능력이다. 대응을 잘하는 것이 수익 나는 방법이다. 초보 주식투자자들이 실수하는 것 중에 하나는 원칙이 없다는 것이다. 자기만의 원칙이 없기 때문에 수익이 나도 불안하고 손실이 나면 감당을 못하는 것이다. 이러지도 저러지도 못한다. 처음 주식투자에 입문 하게 되면 책을 통해 공부하게 된다. 기본적인 분석을 하는 것이다. 책에는 다양한 투자법들이 존재한다. 자기에게 맞는 방법을 찾아야 한다. 책의 이론대로 된다면 누구나 주식 투자로 부자가 될 것이다. 성공한 주식투자자는 자신만의 투자원칙을 가지고 이다. 자신만의 매매기술을 가지고 있다. 초보 주식투자자는 기술적인 분석을 공부해야 한다. 주식시장의 속성을 기본적으로 이해해야 한다. 수급의 원리를 이해해야 한다. 거래량의 변화를 이해해야 한다.

주식투자는 심리 게임이다. 부자가 많지 않듯이 주식투자로 성공한 사람도 마찬가지다. 심리싸움에서 이기는 것이다. 자기 자신과의 싸움에서 이기는 것이다. 자기 관리가 되어야 주식 시장에서도 성공할 수 있다. 정신집중이 필요하다. 평정심이 중요하다. 기복이 심한 사람은 주식투자를 멀리 해야 한다. 자신의 실력을 발휘하기 위해서는 평정심을 가져야 한다. 모든 것은 마음에 달려있다. 주시투자의 스킬보다 마음이 더 중요하다. 주식 투자는 손실을 입으면 쉽게 마음이 흔들린다. 수익이 나도 불안하다. 심리적인 부분이 크다. 그것을 어떻게 극복하느냐가 중요하다. 마음의 평정심을 유지 한다는 것은 자기만의 기준이 있다는 것이다. 멀리 내다보아야 한다. 당장 손실이 발생했다고 해서 좌절할 필요는 없다. 당장 큰 수익이 발생 했다고 해서 기뻐 할 일도 아니다. 하나의 과정일 뿐이다. 손실 없이 한 번에 성공할 수는 없다. 초기 투자자금의 손실은 수업료라고 생각하라. 그 곳에서 성공하면 평생의 파이프라인을 찾는 것이다. 금맥을 찾는 것이다. 하루아침에 금맥을 발견할 수 있겠는가? 누구나 하루아침에 금맥을 찾는다면 가치가 없을 것이다. 주시 투자는 누군가에게 독이 되고 누군가에게는 평생직장이 된다.

PART 05

땅은 사람을
부자로 만든다.

"대를 이어가며 잘사는 부자들은 땅을 사둔다."

-무명

우리나라는 땅 부자 1%가 사유지 57%를 소유하고 있다. 상위 999
명은 여의도 면적의 171배의 토지를 소유하고 있다. 당신이 부자가 되
고 싶다면 땅부터 시작해야 한다. 기회는 아직도 많다.

부자는 땅을 소유한다. 땅을 소유한 자는 부자다. 땅에 눈을 뜨는 사
람이 큰 부자가 될 수 있다. 땅은 신이 만든 것이다. 한정되어 있다. 희
소성이 있다. 대한민국은 큰 부자가 될 수 있는 좋은 환경이다. 땅을
개인이 소유할 수 있는 국가이기 때문이다. 얼마든지 큰 부자가 탄생
할 수 있다.

우리 환경은 땅에 눈 뜨기까지 험난한 장애물이 있다. 젊을 때 땅에
눈 뜨기는 더 어렵다. 중고등학생 때는 대학입시를 위해 산다. 대학생
때는 취업준비를 위해 산다. 졸업 후에는 더 좋은 직장을 가기 위해 스
펙 쌓기 바쁘다. 직장에 취업하면 결혼 자금을 마련하기 위해 산다. 결

혼을 위해 무리한 대출과 함께 아파트를 산다. 아파트 대출을 갚아야 하기 때문에 땅 투자는 생각도 못한다. 대부분의 사람들이 살아가는 방법이다. 이 길은 부자로 가는 길이 아니다. 부자의 길을 가야한다. 아파트에 살기 보다는 땅 투자부터 시작해야 한다.

부자가 되는 길을 이해해주는 배우자를 만난다면 당신은 행운이다. 천운을 타고 난 것이다. 필자는 부자의 길을 이해해 주는 배우자를 만났다. 아내는 혼자 살 때 아파트에서 살았다. 혼자 힘으로 아파를 얻었다. 필자는 아내와 결혼을 한 뒤, 아파트에서 나가자고 했다. 그리고 허름한 빌라로 이사했다. 주변 사람들이 보면 놀랠 일이다. 결혼해서 더 크고 좋은 아파트로 이사 갈 줄 알았는데 그보다 못한 허름한 빌라로 이사했다. 어느 누가 결혼 잘했다고 하겠는가? 전세자금을 빼서 땅에 투자 했다. 땅을 개발하고 형질 변경을 했다. 건물을 지을 수 없는 곳에 건물을 올렸다. 형편없는 땅이 금싸라기 땅으로 변했다. 당연히 가치는 올라갔다. 아내는 이미 큰 부자가 되었다. 필자가 돈이 많다면 아파트도 사주고 상가, 오피스텔도 사주고 싶다. 능력이 없다. 선택을 해야 한다. 아파트를 선택하지 않았다. 땅을 선택했다. 우선순위가 땅이다. 무너져 가는 주택에서 살더라도 땅부터 사는 것이다. 이것이 큰 부자가 되는 방법이다. 이런 상황을 이해 해 줄 수 있는 배우자가 몇 명이나 있을까? 그런 배우자를 만나기 위해 기도하라. 필자는 아내를 만나 35세 10억 회사의 주인이 될 수 있었다. 아내가 이해해 주지 않았다면 아파트를 버리고 땅을 살수 없었을 것이다.

땅 투자는 금액이 클 것이라고 생각한다. 소액투자도 가능하다. 법원 경매에 들어가 보라. 100만 원짜리 땅도 많다. 땅의 가치를 볼 수 있는 눈이 중요하다. 땅은 만들기 나름이다. 아무리 못 생겼어도 화장하고 좋은 옷 입히면 가치가 올라간다. 땅을 소유해 가는 기쁨을 누려야 한다. 저축하는 기쁨보다 훨씬 크다. 내 자녀 세대에는 가치가 달라져 있을 것이다.

소액으로 자투리땅을 구입해도 좋다. 하나의 재테크다. 땅에 흥미를 가지라는 것이다. 자투리땅은 쓸모없어 보이지만 적은 돈으로 잘 매입하면 큰 수익을 기대할 수 있다. 개발능력을 키워야 한다. 디벨로퍼가 되어야 한다. 직접 땅을 가치 있게 만들어야 한다.

땅이 비싸다고 꼭 좋은 것은 아니다. 저렴하게 구입해서 개발만 잘해도 가치가 크게 상승한다. 이미 땅값이 다 올라간 상업지 보다는 준주거지역이 유리하다. 근처에 대학이나 공단지역이 있으면 더 좋다. 공장 주변은 도로망이 잘 개발 되어 있다. 세월이 지나면 가치가 상승할 수 있다. 투자의 기본은 이미 만들어진 땅을 사는 것이 아니다. 만들어진 땅은 오를 만큼 오른 땅이다. 상승할 수 있는 힘이 없다.

맹지나 혐오시설 주변도 좋다. 모두가 기피하는 곳에 기회가 있다. 땅 값이 헐값이다. 땅을 사고 잊어 버려라. 맹지를 헐값에 사서 도로를 내면 된다. 맹지 땅 값보다 도로 만드는 비용이 더 들 수도 있다. 맹지에서 탈출 하면 땅에 가치는 크게 상승한다. 혐오시설 주변 땅은 헐값에 살 수 있다. 잊어버려라. 그곳이 언제 개발 될 지 알 수 없다. 혐오시설이 이전 하고 개발이 된다면 당신은 큰 부자가 될 수 있다. 불가능한 것이 아니다. 도시는 계속해서 확장이 된다. 혐오시설은 세월이 흐르면 외곽으로 빠져 나가게 되어 있다.

땅 투자는 인구가 늘어나는 곳이 좋다. 지자체 홈페이지에 들어 가 보면 인구 동향 자료를 볼 수 있다. 인구가 꾸준히 늘어난다면 투자하기에 적합한 지역이다. 젊은 층 인구가 늘어난다면 더 없이 좋다. 수도권을 제외 하고는 인구가 줄어들고 있지만 걱정 할 필요는 없다. 우리나라는 국토가 좁기 때문에 개발은 계속 될 것이다.

바다가 보이는 땅에 기회가 있다. 우리나라 관광 산업은 꾸준히 성장하고 있다. 앞으로도 쭉 성장할 것이다. 바다가 보이는 곳에는 호텔이 들어설 수 있다. 리조트가 들어설 수 있다. 아니면 펜션이라도 들어설 수 있다. 제주도 땅 값이 최근 들어 상승률이 높다. 세종시 다음으로 높다. 제주도는 관광 도시다. 제주도는 한계가 있지만 관광산업은 무한 확장 될 것이다. 어디론가 확장 될 수밖에 없다. 제주도가 외국 관광객들을 다 소화 할 수 없을 것이다. 주변도 얼마든지 개발 가능하다는 말이 된다.

비싼 땅을 산후에 이자, 세금 내고 살라는 것이 아니다. 형편없는 땅을 헐값에 사서 개발하라는 것이다. 땅의 가치를 직접 올려야 한다. 기다리는 것도 하나의 방법이고 적극적으로 가치를 올릴 수 있다면 더 좋다. 당신의 능력은 더 개발 될 것이다. 땅을 개발하는 것이 얼마나 재미있는지 느껴야 한다. 당신이 부자로 가는 길이다. 디벨로퍼의 꿈을 가져야 한다. 땅을 사고 개발하고 만들고 건물을 짓는 것. 거대 부를 이루는 길이다.

땅 투자에 눈을 떠라.

큰 부자는 땅에서 난다. 큰 부자가 되려면 땅에 투자해야 한다. 우리나라에서 돈을 벌어본 사람이나 기업은 대부분 땅으로 벌었다. 투기가 아니다. 투자다. 미래의 개발 가능성을 보고 투자한 것이다. 주식투자와 마찬가지다. 기업의 가치가 올라갈 거라고 판단해서 투자하는 것이다. 땅은 한정되어 있고 대체 할 수 있는 것이 아니다.

땅 투자는 나이 많고 여유 있는 사람만 하는 것이 아니다. 투자 정보를 정확히 분석 할 줄 아는 사람이라면 나이는 상관없다. 젊었을 때 시작해야 한다. 빨리 시작 할수록 부자가 되는 시간은 단축된다. 무식하게 투자하는 시대는 지났다. 조상대대로 물려받은 땅이 어느 날 100억대 땅이 되는 시대는 지났다. 정확하게 분석하고 때를 기다릴 줄 아는 투자자가 되어야한다. 주식 투자처럼 하루에도 여러 번 사고 팔수 있는 물건이 아니다. 주식을 투자하는 방법과 땅을 투자하는 방법은 차이가 있다. 땅은 기다림의 연속이다. 시간이 지날수록 가치가 올라가는 것이다. 단기간에 큰 시세차익을 보는 것도 어렵다.

땅 투자를 잘하려면 땅을 보는 안목이 중요하다. 사람에 따라 수백 %의 수익을 거두는 사람이 있고 어떤 사람은 투자를 잘 못해서 돈이 묶이는 경우도 있다. 10년이 지나도 오르지 않는 땅도 있다. 이자만 내고 있는 사람도 있다. 토지는 보는 사람의 안목이 그만큼 중요하다. 안목을 키우는 방법 중에 하나는 많이 보는 것이다. 한두 곳만 보고 비교하는 것과 100곳을 보고 비교하는 것은 다르다. 당신이 오늘부터 땅을 백 곳만 둘러보아라. 안목이 좋아지는 것을 바로 느낄 것이다. 일억 원대의 땅 100곳을 선정하고 주말마다 5곳씩 방문해 보는 것이다. 한 주가 지날수록 보는 눈이 달라 질 것이다. 그중에 마음에 드는 한곳을 선택한다면 최소한 손실 나지는 않을 것이다. 투자에 실패할 확률이 낮아지는 것이다.

강남에서 오피스텔을 구할 때였다. 수백억대 자산가가 필자에게 말했다. 오피스텔 100곳을 돌아보라는 것이다. 오피스텔 100곳을 돌아보고 선택하라는 것이다. 숙제를 내 주었다. 일 이 년 생활할 오피스텔인데 서너 곳만 돌아보아도 충분할 것 같았다. 하지만 수백억대 자산가의 생각은 달랐다. 오피스텔만을 비교하는 것이 아니다. 오피스텔 100곳을 돌아보려면 수많은 컨설턴트를 만나게 된다. 그 사람들도 비교 할 수 있다. 서비스와 설득력. 그런 것들을 배우라는 것이다. 오피스텔 임대뿐만 아니라 매입가도 같이 알아보라는 것이다. 오피스텔 100곳을 돌아보면 그 분야의 반 전문가가 된다. 경우에 따라서는 컨설턴트 보다 더 잘 알 수도 있게 된다. 50곳 만 돌아보아도 이제는 감이 온다. 보증금과 월세가 파악이 되고 매매가를 짐작하게 된다. 짐작

보다 비싸다면 협상 할 여지가 생기는 것이다. 모른다면 그 가격에 살 수밖에 없다. 100곳을 돌아보면서 경쟁력을 얻는 것이다. 필자에게 큰 교훈이었다. 잠시 머물 오피스텔 하나 선택 할 때도 100곳을 돌아보게 했다. 다른 것은 어떻겠는가? 부자가 되는 데는 다 이유가 있었다. 타고난 것도 있었지만 보통 사람이 서너 번 볼 때 100번을 보는 것이다. 보통 사람들이 5번 시도할 때 100번 시도하는 것이다. 차이가 날 수 밖에 없다.

현재 강남에 수백억대 빌딩이나 상가를 소유한 사람들이 어떻게 돈을 벌었을까? 대부분 땅에 투자해서 돈을 벌었다. 70년대에는 강남 땅 대부분이 논밭이었다. 잠실은 뽕밭이었다. 한 평에 이삼백 원 할 때가 있었다. 지금은 어떤가? 한 평에 1억이 넘어간다. 황금 땅이 되었다.

지금도 가능하다. 작은 금액으로도 얼마든지 빅뱅을 만들 수 있다. 땅 이어서 가능하다. 우리나라는 아직도 농지가 많다. 산이 많다. 바다가 보이는 땅이 많다. 끊임없이 땅에 관심을 갖고 보아야 한다. 무심코 지나치는 땅들이 어느 날 황금이 되어 있을 것이다. 땅덩어리가 황금 덩어리로 변해 있을 것이다. 땅 투자만 잘해도 부자의 반열에 오를 수 있다. 관련 지식이 돈이다. 보통 사람들에 비해 빠르게 부자가 될 수 있다.

땅 투자에 적극적이어야 부자가 될 수 있다. 무관심은 곧 부에 대한 부정이다. 땅 투자에 적극적일 수 없는 환경이기 때문에 부자의 수가 적은 것이다. 주식 투자와 마찬가지로 땅 투자도 자신만의 원칙이 있어야 한다. 언론에 휘둘려서는 안 된다. 개발된다고 하여 무작정 투자하는 것은 위기를 자처하는 일이다.

우리나라 땅 부자들 중에는 보상을 받은 경우가 있다. 조상으로부터 받아온 땅이 어느 날 개발로 인해 보상을 받는 경우다. 지난 2009년 박찬호 선수가 충남의 임야 보상금으로 30억 원을 받은 사건은 유명한 사례다. 땅 보상금으로 부자가 된 사례는 90년대 이후에 크게 늘었다. 금액도 천문학적으로 커지고 있다. 2009년도에 서울 마곡지구의 토지 보상금 3조원이 풀렸다. 한마을에서 100억 원대 부자가 34명이 탄생했다. 하루아침에 100억 원대 벼락부자가 된 것이다. 일부 어부들은 벤츠 에스클레스에 그물을 싣고 다닌다. 고기 잡으러 벤츠타고 간다. 시골 농부 아저씨는 에쿠스에서 삽을 꺼내 든다. 논에 작물을 관리하러 에쿠스 타고 간다. 하루아침에 100억대 부자가 된 것이다. 주변에 100억대 부자가 있는가? 전설로 내려오는 이야기가 아니다. 이 시대에 일어나고 있는 일이다. 우리 주변에 있는 일이다. 과거에 있었던 일이 아니다. 지금 살아 존재하는 사람이다. 보상을 받아 부자가 된 경우는 하늘의 운을 타고 난 것이다. 누구나 보상을 받을 수는 없다.

우리나라 땅 부자들 중에는 투자로 성공한 경우가 있다. 필자의 스승도 20세부터 땅 투자를 시작해서 20년이 되기도 전에 100억대 부를 이룬 사람이다. 보상도 받고 했지만 투자를 해서 돈을 벌었다. 투자로 부자가 된 경우다. 지금도 땅 투자를 통해 부자가 되는 사람은 많이 나타나고 있다. 먼저 부자가 된 스승을 찾아가 배우는 것이 중요하다.

투자형 땅 부자는 자수성가한 사람이다. 하루아침에 벼락부자가 된 것이 아니다. 과학이다. 원리와 원칙이 있다. 부자가 되는 공식이 있다. 그것은 배울 수 있는 것이다. 수학처럼 부자가 되는 공식을 배울 수 있는 것이다. 누구나 카피할 수 있다. 그렇기 때문에 누구나 수십 억대 부자는 쉽게 될 수 있는 것이다. 필자의 스승은 임야를 헐값에 사서 땅을 개발 했다. 전원주택을 지을 수 있는 땅으로 만들었다. 20채 이상 지을 수 있는 땅이 되었다. 땅을 분양 했다. 얼마의 시세차익이 발생했을까? 땅을 개발하는 사람이다. 디벨로퍼다. 우리는 방법을 알고 있다. 부자가 되는 방법을 알고 있다. 행동하지 않을 뿐이다. 누구나 수십억대 부자는 될 수 있다.

부자의 길은
선택하는
것이다.

chapter
05

PART 01

잠재의식은
믿음의 종이다.

"목표로 하고 있는 것을 확실히 상상하고 있으면,
자기 자신도 알지 못하는 사이에
잠재의식의 기적을 일으키는 힘을 통하여
필요한 것을 모두 공급받을 수 있게 된다."

-조셉 머피

사람은 믿음대로 된다. 생각하는 대로 된다. 잠재의식은 상상하는 것과 현실을 구분하지 못한다. 잠재의식은 우리가 믿는 믿음대로 이루기 위해 일한다. 잠재의식에 어떤 믿음을 심었느냐에 따라 결과를 만들어 낸다. 부자가 되었다고 상상하고 믿으면 잠재의식은 그 믿음대로 열매를 맺기 위해 일한다. 우리의 미래를 결정하는 것이 작은 생각에서 시작 된다는 말이다. 그래서 항상 긍정적인 생각을 해야 하는 것이다. 기분 좋은 감정을 유지해야 한다. 꿈꾸고 상상하는 것이 습관이 되어야 한다.

의식세계와 무의식 세계의 중간 단계가 있다. 알파상태다. 가볍게

잠이 들거나 꿈을 꾸는 상태다. 반쯤 졸린 상태다. 그 상태에서의 생각은 잠재의식에 강렬하게 각인된다. 잠들기 전의 생각은 잠재의식에 강렬하게 각인된다. 그때 하는 생각과 상상은 현실로 이루어 질 수 있다. 당신의 강렬한 꿈이 있다면 잠들기 전에 상상하고 생각하라. 필자도 잠들기 전에 상상하는 것을 즐긴다. 때로는 바로 자고 싶을 때도 있지만 상상이 끊이지 않는다. 상상의 고리가 연결되어 밤을 새는 경우도 흔하게 있다. 잠들기 전부터 시작된 상상은 무한한 아이디어를 쏟아낸다. 마음은 자고 싶지만 뇌에서는 끊임없이 상상을 하고 있다. 아이디어가 넘쳐난다. 메모장에 적기 바쁘다. 필자의 메모장에는 상상을 통해 얻은 사업 아이템이 빼곡히 적혀 있다. 10년 적어 놓았던 꿈들은 대부분 이루어 졌다. 큰 꿈은 이루어져 가고 있다. 몇 년 전에 얻었던 아이디어를 다시 상기시켜주는 때도 있다. 구체화 시키는 것이다. 반복해서 상상한다. 5년, 10년 후의 모습을 반복해서 상상한다. 반복해서 상상하면 믿어지게 된다. 믿음대로 잠재의식에 각인되어 꿈이 이루어지는 것이다. 처음은 의도적으로 상상을 시작하지만 시간이 지나면 내 의지와 상관없이 상상이 이어진다. 다른 차원의 힘을 느낄 수 있다. 반쯤 졸린 상태가 많다. 꿈인지 상상인지 애매한 상태다. 가슴이 뛰고 흥분되는 때도 많다. 날이 빨리 밝기를 기다린다. 상상했던 꿈을 이루기 위해 움직이고 싶기 때문이다.

반복된 상상은 믿음이 된다. 처음 상상은 믿어지지 않는다. 희망사항이 된다. 그렇게 되었으면 좋겠다고 생각한다. 미소만 짓는다. 흥미롭게 생각한다. 오랜 시간 동안 동일한 상상이 계속 이어지면 믿어지게 된다. 잠재의식이 상상을 현실로 인식해 버린 것이다. 그렇게 되면 잠재의식은 현실과 상상을 구별하지 못하게 된다. 미래의 모습을 상상했지만 현재 모습으로 인식한다. 이루어 진 것으로 믿어버린다. 그러면 그 믿음대로 현실세계에 나타나는 것이다. 당신이 꿈꾸고 상상하는 모습을 현실처럼 믿어질 때까지 상상해 보라. 꿈이 현실에 나타나는 것을 보게 될 것이다. 맨 정신에 자신의 욕심을 상상하라는 것이 아니다. 알파 상태에는 자신의 의식과 잠재의식이 같이 일한다. 잠재의식을 통해 상상하게 되는 것이다. 자신의 생각과는 다를 수도 있다. 앞으로 당신이 이루어야 할 일을 알려주는 것인지도 모른다. 그것이 참이다. '설마 그렇게 이루어 질 수 있을까?' 하는 그것이 당신의 사명인지도 모른다. 당신이 이 땅에 태어난 이유인지도 모른다. 그것을 경험해야 한다. 단순하게 좋은 차타고 좋은 집에서 사는 모습을 상상하는 깃이 아니다. 잠재의식은 더 깊은 차원이다. 사회에 기여하는 꿈을 줄 것이다. 세상에 이로운 꿈을 줄 것이다.

자수성가한 부자들은 책을 많이 읽는다. 그중에 인문고전도 읽는다. 인문고전을 읽는 것은 시대를 초월해서 위인들의 생각을 카피하는 것이다. 위인들과 같은 생각을 하면 똑같은 사람이 되는 것이다. 고전을 읽고 생각하는 것만으로도 의식은 변화한다. 사람의 노력은 한계가 있다. 잠재의식 속에 위인들의 생각을 집어넣는 것이다. 위인처럼 생각하고 상상하는 것이다. 위인들은 잠재의식과 상상력을 활용한 사람이다. 잠재의식의 힘을 깨달은 사람이다. 위인들이 자기 자신만을 위해 살았던 사람이 있는가? 자기 한 몸의 안위를 위해 살아가지 않았다.

이기적인 삶을 살아가지 않았다. 이웃을 생각하고 나라를 생각했다. 후손을 생각했으며 인류를 생각했다. 자기가 이 땅에 태어난 이유를 알고 있었다. 살아가는 동안 어떤 일을 이루어야 하는지 알고 있었다. 후손에게 어떤 세상을 물려줘야 할지 알고 있었다.

잠재의식은 영적인 것이다. 자신의 의지와 다르게 상상을 끌어낸다. 신과 교통하는 것이다. 잠재의식과 교통한다면 삶의 큰 변화가 일어난다. 당신의 힘으로 할 수 없는 일들이 일어난다. 한 사람의 노력보다 큰 결과가 나타나면 사람들은 말한다. '인복이 많다.' '운이 좋은 사람이다.' '재수가 좋은 사람이다.' '시대를 잘 타고 났다.' 라고 한다. 틀린 말은 아니지만 그것이 전부는 아니다. 자신의 노력과 잠재의식의 힘이 일했기 때문에 가능한 것이다. 잠재의식의 힘은 우리가 생각하는 차원과 다르다. 그 힘을 이용할 수 있는 사람은 못 할 일이 없다. 자수성가한 수백억대 자산을 이룬 많은 사람들은 잠재의식의 힘을 이용한 사람들이다. 잠재의식의 힘을 이용했기 때문에 한 사람이 이룰 수 있는 것보다 훨씬 큰 것을 이룬 것이다. 잠재의식을 활용해야 한다. 수백억대 자산가 중에는 우주에 관심이 있는 사람이 많다. UFO에 관심이 있다. 외계인에 관심이 있다. 다른 생명체에 관심이 있다. 눈에 보이는 세계가 있고 또 다른 차원의 높은 세계가 존재하고 있음을 믿기 때문이다. 수백억대 자산을 이루기까지 신비한 체험을 많이 하기 때문이다. 지구상에서 과학으로 설명이 안 되는 미스테리가 많다. 이집트의 피라미드만 해도 그렇다. 현존하는 수학으로는 피라미드를 설계할 수 없기 때문이다.

잠재의식은 어려운 문제들을 해결해 준다. 마음의 소원을 이루는 방법을 깨닫게 해준다. 꼬인 문제를 풀어준다. 한 문제에 대해 집중해서 생각하고 해결점을 찾기 위해 노력했다면 잠자는 동안에 잠재의식은 활동하기 시작한다. 꿈속에서 문제가 풀리는 것을 체험하기도 한다. 어떤 행동을 취해야 할지 알려 주기도 한다. 방법을 제시해 준다. 잠재의식이 일을 한 것이다. 답을 준 것이다. 잠재의식은 문제를 정확하게 해결한다. 미래의 모습을 보여준다. 사명을 알려준다. 잠재의식은 신성하다. 의식보다 고차원의 힘이다. 지혜를 가지고 있고 창조능력을 가지고 있다.

잠재의식은 일반적인 상황에서 드러나지 않는다. 극한의 위기에서 우리의 사고와 행동을 지배한다. 대형 참사가 일어나기 전에 눈에 보이지 않는 누군가가 건물 밖으로 자신을 끌고 나가는 경험을 했다는 말을 들어 본 적이 있을 것이다. 당신의 힘으로 할 수 있는 것은 한계가 있다. 한사람의 힘으로 이룰 수 있는 것은 한계가 있다. 잠재의식의 힘을 활용해야 한다. 당신 한사람을 통해서 큰 일이 이루어 질 것이다. 잠재의식은 역사적으로 큰 인물들이 사용했다. 잠재의식의 힘을 당신의 것으로 만들어 세상에 이로운 일을 이루어야 한다.

자수성가 한 부자들의 습관

인생은 본인이 선택 하는 것이다. 부자도 마찬가지다. 남들이 부자 된 것을 보고 나쁘게 생각할 필요가 없다. 부자들은 단지 선택했다. 부자가 되기로 마음을 먹었다. 당신도 얼마든지 부자가 될 수 있다. 선택 하면 된다. 오늘 부터라도 부자의 감정을 가져보아야 한다. 부자들의 습관을 배워야 한다. 부자들을 카피해야 한다.

자수성가한 부자들은 독서광이다. 독서를 중요시 하는 이유는 간접 경험을 할 수 있기 때문이다. 다양한 정보를 축적할 수 있기 때문이다. 하루 지나면 쓰레기가 되는 정보와는 다르다. 수백 년 역사의 지혜를 빠른 시간에 습득할 수 있다.

"오늘날의 나를 만들어준 것은 내가 태어난 작은 마을의 초라한 도서관이었다." 라고 빌게이츠는 말했다. 자수성가한 빌게이츠. 부자가 될 수 있는 기초가 초라한 마을 도서관이라고 말한다. 책속에 무한한 지혜가 담겨있다.

섹시한 육체를 무기로 당대의 남성들을 매료시킨 마릴린 먼로도 독서광이다. 마릴린 먼로의 사후, 취재를 갔던 기자들이 서재에 꽂혀 있는 책들을 보고 깜짝 놀랐다고 한다. 전문서적과 교양서적은 물론 사회주의 서적까지 읽었다. 책 속에서 무한한 지혜를 얻어 성공에 이른 것이다. 마릴린 먼로는 "나처럼 영화배우가 되겠다고 꿈꾸는 여자가 수천 명은 될 거에요. 그렇지만 걱정하지 않아요. 내가 가장 열심히 꿈꾸니까!" 라고 말했다. 그녀는 책속에서 꿈을 찾고 꿈을 꾸었다.

자수성가한 부자들은 메모광이었다. 무엇이든 메모했다. 순간의 아이디어를 메모했고 꿈을 메모했다. 동기부여가 되는 문구를 메모했다. 잠을 자다가도 생각나는 것을 메모했다. 메모를 하지 않으면 기억을 못한다. 순간의 번뜩임을 놓치지 않는 것이다. 스티브 잡스는 매일 아이디어를 메모했다. 그것은 애플의 혁신적인 플랫폼으로 탄생했다.

"나는 메모광에 노트 중독자다." 라고 스티브잡스 스스로 말한다. 평소에도 종이에 적는 것을 즐겼다. 자수성가한 부자들은 말한다. "천재는 없다, 부지런한 기록자는 있다."라고. 메모하고 글로 쓰는 습관이 부자의 길로 안내해 줄 것이다.

자수성가한 부자들은 매일 새로운 것을 배운다. 새로운 기술도 배운다. 새로운 사람을 만난다. 만나는 사람에게 배울 점이 있기 때문이다. 그래서 스스로 성장한다.

지인 중에 큰 부를 이룬 사람이 있다. 디벨로퍼다. 땅을 사고 개발하는 것이 일이다. 저녁에는 춤을 배운다. 노래를 배운다. 3년이 넘도록 노래교실을 다닌다. 힙합을 넘어 팝핀 춤까지 배운다. 재즈댄스에 탱고 춤까지 춘다. 승마를 배우고 다이빙 점프를 한다. 자신의 한계를 테스트 하는 것이다. 나이가 지긋 하신데도 무대에서 팝핀 공연을 한다. 열정과 에너지를 얻기 위함이다. 아이디어를 얻기 위함이다. 새로운 것을 배움으로서 또 다른 것을 창조하기 위함이다. 사업과 연결시키기 위함이다. 창조적인 발상을 하기 위함이다. 그곳에 만나는 사람과 교류한다. 다른 영역의 사람들에게 새로운 아이디어를 얻는다. 모든 것이 하나의 고리로 이어진다. 톡톡 튀는 아이디어를 얻는다.

자수성가한 부자들은 긍정적인 생각을 한다. 늘 한결같다. 사람들은 부동산이 끝났다고 말할 때 투자를 한다. 뭘 해도 안 된다고 할 때 새로운 사업을 시작한다. 긍정의 생각을 가지고 있기 때문이다.

"긍정적인 생각이 무슨 의미가 있냐?" 라고 한다. 그렇지 않다. 긍정적인 생각을 하면 기분이 좋아진다. 그것만으로 충분한 가치가 있다. 부자가 된 것 같은 감정이 부의 세계로 이끈다. 생각이 먼저 이고 현실이 따라 오는 것이다. 부자들은 자신이 먼저 생각하고 느꼈다.

어려운 상황에서도 부의 감정을 내려놓지 않았다. 현실은 안 좋다해도 마음은 항상 부의 감정이다. 긍정의 생각이다. 좋은 기분을 계속 끌고 갈수 있는 것이 능력이다. 부자가 될 수 있는 힘을 가진 것이다. 부정적인 사고는 안 좋은 감정을 재생산해 낸다. 부정적인 사고는 근심, 걱정, 불안 같은 감정을 만들어 낸다. 그 생각대로 현실은 따라온다. 모두 각자가 선택을 하는 것이다. 모두가 부정적인 생각을 갖더라도 당신만은 긍정적인 생각을 할 필요가 있다. 긍정적인 생각을 하는 것만으로도 기분이 좋아 진다. 기분이 좋아지면 두뇌 능력이 향상된다. 아이디어도 번뜩인다. 성공한 사람들은 긍정적인 말을 한다.

자수성가한 부자들은 작은 지출을 가볍게 여기지 않는다. 세계적인 부자 워렌 버핏도 작은 지출을 조심하라고 말한다. 타고난 부자는 지출의 의미가 다르다. 스스로 부자가 된 사람은 재산을 구축하는 동안 사치품과 필수품을 구별할 줄 안다.

지인 중에 100억대 부자가 있다. 행사장에 같이 갈 일이 있었다. 이동하는 중에 점심시간이 걸렸다. 밥을 먹어야 한다. 갈 길이 멀지만 시내에 들러 김밥 천국에 들어갔다. 김밥 다섯줄을 사서 일행들과 나눠 먹었다. 자산은 수백억 이지만 돈 씀씀이는 보통 사람이다. 자산을 이룬 과정을 알 기 때문에 그것마저도 멋있어 보였다. 밥한 끼에 수십만원씩 먹지 않는다. 보여주기 위해 사치품들로 채우지 않는다. 백억 대 자산가는 말한다. "나에게 돈 빌려달라고 하지 마라. 현금은 500만원도 들고 있지 않다."라고. 솔직한 자산가의 말이다. 돈이 모이면 투자하는 것이다. 여기저기 써 버리는 것이 아니다. 물 쓰듯 펑펑 쓰지 않는다. 한 달에 200만원 벌까 말까 하는 직장인들보다 더 아껴 쓴다. 그래서 부자 중에는 구두쇠가 많은 것이다.

지금 당장 도서관에 가서 책을 읽고 좋은 글은 메모를 해 보라. 많은 것이 달라 질 것이다. 자기가 잘 할 수 있는 것 외에 다른 것을 배워 보라. 도움이 될 것이다. 필자도 사람 앞에서 노래하는 것을 무서워 하지만 도전했다. 해 보는 것이 안 해 보는 것보다 훨씬 배울게 많다. 부자가 됐다고 생각 하고 행동을 해보라. 당신의 기분은 좋아 질 것이다. 그 기분을 유지하는 것이 부자가 되는 길이다.

PART_02

흙 수저를
금 수저로 바꾼 자
- 정주영 회장

"시련은 있어도 실패는 없다. 죽지 않고 신체 건강하게 살아만 있다면 잠
시 시련을 겪을 수는 있지만 완전한 실패는 없다."

-정주영

부자의 길을 선택한 사람이 있다. 흙 수저를 금 수저로 바꾼 한국의
대표적인 기업가 현대그룹의 정주영 회장이다. 그는 1915년 11월 25
일 강원도 통천에서 가난한 농부의 아들로 태어났다. 고향에서 소 한
마리 끌고 가출을 했다. 도전과 개척정신으로 대한민국 굴지에 그룹을
이루어 냈다. 그는 기업가에게 무한한 동기부여가 된다. 새로운 것에
도전하고 자신감으로 밀어 붙였다. 기업을 운영하면서 어떤 시련과 난
관에도 반드시 일을 이루어 냈다. 그의 이야기는 사람들에게 귀감이
되어 드라마로 만들어 지기도 했다.

정주영 회장도 수많은 실패와 좌절을 경험했다. 다른 사람과 다른
점은 실패를 두려워하지 않았다. 실패를 성공의 발판으로 삼았다. 그
는 어떤 일을 시작할 때 된다는 확신 90%와 자신감 10%로 채웠다. 부

정적인 생각은 단 1%도 채우지 않았다. 그는 항상 된다고 생각했다. 방법을 찾았다. 그는 말한다. "생명이 있는 한 실패는 없다." 라고.

어떤 시련과 어려움이 있어도 실패는 없다는 것이다. 실패라고 생각하지 않고 성공의 과정이라고 해석한다.

"이봐, 해봤어?" 정주영 회장은 말한다. 생각보다 행동이 앞서는 것이다. 도전정신을 강조한다. 새로운 일에 도전 할 때 정주영 회장을 생각해 보기도 한다. 실패 하더라도 포기 하지 않는다. 당장의 눈앞의 이익을 생각 하지 않는다. 그렇기 때문에 성공할 사람은 성공 할 수밖에 없다.

지금도 제2의 정주영은 계속 탄생하고 있다. 아이디스에 김 영달 대표이다. 아이디스는 산업분야 디지털영상저장장치를 아이템으로 연매출 1,000억 원을 달성했다. 그는 도전정신으로 넘버원 벤처가 돼 보자는 차원에서 창업을 결심했다. 1997년 8.4평의 실험실만한 공간에서 3명의 동기와 함께 창업을 하게 되었다. 김 대표는 "직장 경험도 없고 아무것도 없었지만 무엇을 해도 굶지는 않겠다는 자신감이 생겼다. 그래서 창업에도 겁 없이 도전할 수 있었다."고 말한다. 지금은 국내 아날로그 카메라 1위 기업인 'HDPRO'를 인수하여 CCTV 종합 시큐리티 회사로 거듭났고, 모니터 전문기업인 코텍을 인수 했다. 프린터 기업 IDP를 인수 하면서 영상 서비스 토탈 기업으로 성장했다. 그 결과 아이디스를 포함한 계열사 전체 매출액이 5,000억 원을 달성하며 중견기업으로 자리 잡았다. 김 대표는 "창립 20주년이 되는 해에 매출

1조원 달성을 목표로 하고 있다."고 한다. 글로벌 기업들과 겨루어 보기 위해 체력을 키우고 있다. 도전정신으로 무에서 연매출 5,000억 원대 회사를 창조 한 것이다. 지금은 정주영 회장시대와는 다르다고 말한다. 지금은 불가능 하다고 말한다. 지금은 도전정신이 통하지 않는다고 말한다. 하지만 누군가는 지금도 도전정신으로 새롭게 세상을 창조하고 있다.

성공은 정신이다. 도전하는 정신. 행동하는 정신. 방법이 없는 것이 아니다. 돈이 없어서 못하는 것이 아니다. 정주영 회장은 사진 한 장으로 조선소를 지었다. 대형 조선소를 지으려면 차관을 들여와야 했다. 이 나라 저 나라 뛰어 다녔지만 돈을 빌릴 수가 없었다. 그 당시에 우리나라는 별 볼일 없는 후진국이었다. 그는 영국으로 떠났다. 바클레이즈 은행을 찾아간 것이다. 은행과 협상을 벌였지만 쉽지 않았다. 돈을 빌리려면 영국식 사업계획서와 추천서가 필요했다. 정주영에게 울산의 모래사장을 찍은 흑백사진이 전부였다. 정주영 회장은 바지 주머니에서 500원짜리 지폐를 꺼내 들었다. 지폐에는 거북선 그림이 그려져 있었다. 500원짜리 지폐를 테이블에 올려놓고 말했다.

"우리나라의 거북선입니다. 영국의 조선 역사는 1800년대부터 시작했습니다. 하지만 우리나라는 1500년에 이런 철갑선을 만들어 전쟁에서 이겼습니다. 영국의 조선역사보다 300백년이나 앞서 있습니다. 산업화는 늦었지만 대한민국의 잠재력은 그대로 있습니다." 라고.

정주영 회장은 자신만의 방법으로 불가능한 상황을 가능한 상황으로 만들었다.

큰 기업가가 되고 싶다면 큰 기업가를 카피해야 한다. 정주영 회장은 기업가의 롤 모델이다. 뜻이 있는 사람이라면 정주영 회장을 카피해야 한다. 그 시절의 현대그룹처럼 거대 기업을 세우라는 것은 아니다. 그 사람처럼 행동은 할 수 있다. 그때와 세상은 다르지만 정신은 동일하다. 그 시절이 아니라고 낙망하고 있을 것인가? 지금도 수많은 제 2의 정주영이 탄생하고 있다. 카카오 톡의 김범수 대표와 네이버의 이해진의장도 마찬가지다. 정주영 회장 시대보다 더 큰 기회가 있다. 더 크게 성장 할 수 있다. 인터넷이 보편화 되어있다. 아이디어가 있다면 얼마든지 글로벌 기업도 탄생 할 수 있다.

정주영 회장이 아버님 말씀에 순종만 했다면 농사꾼이 되었을 것이다. 우리주변은 항상 그렇다. 안전한 곳에 머물기를 바란다. 안전한 직장에 들어가야 한다고 말한다. 대기업에 들어가는 것이 인생 최고의 성공 이라고 말한다. 그런 환경에서 벗어나야 한다. 정주영 회장은 자신의 꿈을 가졌다. 열정적으로 꿈을 성취하기 위해 살았다. 성실을 바탕으로 일했다. 그런 열정과 성실로 지금의 현대가 탄생했다. 불도저 같은 열정이 그의 별명이 되었다. 모든 고정관념을 허물었다. 불가능은 없다고 말했다. 부정적인 말을 하는 사람을 싫어했다. 일단 해보라고 말했다. 해보고 나서 말하라고 했다. 시작도 하기 전에 불가능을 말하지 말라고 했다. 불가능을 가능으로 바꾼 인물이다. 그 시대에는 드물게 엄청난 창의력을 발휘했다. 문제마다 독특한 창의력으로 해결해나갔다. 열심히 일하고 부지런 했다.

시련과 실패는 다르다. 정주영 회장은 시련은 있어도 실패는 없다고 말한다. 우리는 시련을 실패로 인식한다. 시련과 실패를 동일 시 한다. 시련은 어떤 일을 하는 동안 어려움을 당하는 것을 말한다. 실패는 시도한 일의 상황이 종료 되었다는 것을 의미한다. 살아있는 동안 실패는 없다고 정주영 회장은 말한다. 살아 있기 때문에 또 다시 일어서면 되는 것이다. 살아있기 때문에 실패가 아니라 시련인 것이다. 다음을 기약할 수 있기 때문이다. 시련은 과정이고 실패는 결과이다. 우리의 인생이 언제 어떻게 될지 누가 장담할 수 있겠는가? 오늘 어렵다고 인생이 실패한 것은 아니다. 시련인 것이다. 성공을 위한 과정인 것이다. 현재 어려움에 처한 사람을 실패한 사람이라고 단정 짓는 것은 어리석은 일이다. 시련은 언제든지 극복할 수 있는 것이다. 실패는 상황이 종료 된 것이다. 살아 있다면 언제든지 기회는 다시 올 것이다. 우리에게는 시련만 있는 것이다.

시련을 실패로 인식할 때가 있다. 시련을 견디기 힘들어 한다. 성공으로 가는 과정인데 시련을 종착점으로 생각하는 것이다. 그것이 문제다. 모든 것은 생각하기 나름이다. 실패했다고 생각하면 그곳이 종착점이 된다. 시련이라고 생각하면 다음을 기약하는 것이 된다. 인생은 죽는 것이 결과이다. 살아가는 동안은 과정이다. 죽는 것이 종착점이다.

우리는 위대한 과학자 에디슨을 잘 안다. 에디슨은 2000번이 넘는 실험을 통해 전구를 발명했다. 전구를 발명하고 기자회견을 했다.

기자가 물었다.

"실패했을 때 기분이 어땠나요?"

에디슨은 말했다.

"실패라니요? 난 한 번도 실패한 적이 없습니다. 2000번의 단계를 거쳐 전구를 발명한 것입니다."

에디슨은 한 가지 결과를 얻기 위해 2000번의 시련을 겪었다. 많은 세월이 흘렀을 것이다. 사람들은 에디슨을 향해 말했을 것이다. 실패한 사람이라고. 실패한 인생이라고. 실패를 거듭하는 사람이라고. 하지만 에디슨은 자신이 실패한 사람이라고 생각하지 않았다. 시련을 겪는 것이라고 생각했다. 전구 발명을 위한 과정이라고 생각했다. 우리는 어떤가? 하나의 목표와 꿈을 위해 몇 번이나 시도 하고 있는가?

필자도 주식 투자로 어려움을 당했다. 망했다. 보기에 따라 큰 실패를 한 것이다. 일어설 수 없을 것 같은 깊은 수렁이었다. 다시 일어서는 과정에서 두 번 세 번 또 넘어졌다. 인생의 실패를 인정하지 않았다. 시련으로 해석했다. 살기위해 발버둥을 쳤다. 다시 일어서기 위해 발버둥을 쳤다. 필자만의 투자법을 발견하게 되었다. 어떤 악조건에서도 수익이 발생하는 방법을 발견하게 되었다. 파이프라인을 발견하게 되었다. 평생직장을 얻게 되었다. 죽을 수도 있는 위기였다. 죽음을 직면하는 순간 나의 세계가 무너지고 고차원의 힘을 느끼게 되었다.
에디슨에 비하면 아무 것도 아니다. 에디슨은 2000번의 시련을 딛고 일어섰다. 필자는 3번 시련을 겪고 일어섰다. 어찌 보면 필자는 행운인 것이다. 어떤 사람은 고통에 무너지고 좌절한다. 어떤 사람은 고통 속에서 무언가를 배운다.

시련을 당하는 것은 꿈이 있기 때문이다. 꿈이 없다면 시련도 없다.

지금 그대로 살아가기 때문이다. 넘어졌을 때 그곳이 추운 이유는 가슴속에 뜨거운 열정이 있기 때문이다. 열정이 없다면 넘어질 일도 없다. 움직이지 않을 것이기 때문이다. 죽을 듯이 아픈 이유는 살아있기 때문이다. 죽은 사람은 말이 없고 아프지 않다. 아프다는 것은 살아 있다는 것이다. 넘어져도 다시 일어나야 하고 추워도 다시 도전해야 한다. 많은 시련을 통해 성장하는 것이다. 에디슨은 2000번의 시련을 통해 전구를 발명했듯이 우리도 수많은 시련을 통해 꿈을 이룰 수 있는 것이다. 시련을 통해 깨달음을 얻는 것이다.

사업은 망해도 다시 일어설 수 있지만 한번 신용을 잃으면 모든 게 끝장이라고 정주영 회장은 생각했다. 그의 신념이었다. 그는 적극적인 정신 자세가 기적의 열쇠라고 말한다. 인간 스스로 한계 짓는 것에 도전했다. 그것을 이루어 내는 기쁨으로 살았다. 무한 잠재의식을 활용했다. 잠재의식의 힘을 통해 불가능을 가능으로 바꾸었다. 기적을 만들어 냈다.

글로벌 경기가 침체 속에 있다. 힘들어 한다. 그동안 위기가 없었던 적은 없다. 이 순간을 실패라고 생각하지 말고 시련이라고 생각해야 한다. 절망하고 포기할 일이 아니다. 잠재의식의 힘을 이용하여 큰 꿈을 꾸어야 한다. 믿음과 자신감으로 도전해야 한다. 정주영 회장은 자신의 삶으로 보여 주었다. 잠재의식의 힘을 보여 주었다. 기적을 보여 주었다. 말로만이 아닌 불가능이 없음을 보여주었다. 그를 통해 배워야 한다. 정주영 회장이 이 시대에 태어났어도 마찬 가지였을 것이다.

지금은 경기가 어렵기 때문에 아무것도 할 수 없는 상황이라고 생각하지 않았을 것이다. 뭘 해도 안 되는 시장이기 때문에 머물러 있지 않았을 것이다. 이 시대에 맞게 도전 했을 것이다. 이 시대에 돈이 되는 것을 발견하고 시도했을 것이다. 수많은 시행착오와 시련을 통해 깨닫고 배웠을 것이다. 시대가 다른 것이 아니다. 정신이 다른 것이다. 마음자세가 다른 것이다.

시련을 이겨내면 기적을 체험하게 된다. 극한의 위기에서 눈에 보이지 않는 손길을 느낄 수 있다. 그 시련을 통해 당신은 크게 성장 할 것이다. 불굴의 의지로 당신의 꿈을 이루어 가야 한다.

PART 03

상상하는 대로
이루어진다.
- 리처드 브랜슨

"가장 즐거운 일이 무엇인지 찾아라. 그리고 도전하라.
그 도전이 당신의 삶을 꽃피울 것이다."

-리처드 브랜슨

괴짜 CEO 하면 떠오르는 사람이 있다. 우주를 여행한 CEO, 400
여개의 계열사를 경영해 나가는 억만장자 CEO. 영국 버진그룹의 회
장 리처드 브랜슨이다. 그는 무한한 상상력을 가지고 있다. 끊임없이
도전한다. 창의적인 아이디어를 가지고 있다. 거기에 뜨거운 열정을
가지고 있다.

리처드 브랜슨은 1950년에 태어났다. 어릴 때부터 긍정적이고 밝
게 자랐다 어머니의 사고방식을 영향 받았다. 상상력도 풍부했다. 괴
짜다웠다. 괴짜답게 보내던 브랜슨은 1976년 친구들과 우편 할인판
매 사업을 시작했다. 큰 사업은 아니었지만 이윤이 발생했다. 돈 버는
재미를 느꼈다. 친구들과 함께 우연히 시작한 사업이었지만 회사의 이
름을 짓기로 했다. '처음 사업을 해 본다' 는 뜻의 Virgin(처녀) 라는

이름을 지었다.

규모가 작은 사업이었지만 곧 사업을 확장 시켰다. 음반 사업에 뛰어들게 되었다. 버진 레코드사다. 괴짜이면서 특유의 긍정적 마인드를 가지고 있어서 그 시절 유명 뮤지션들과 계약을 했다. 그 결과 버진 레코드는 빠르게 성장했다. 그리고 세계 최대 독립 음반사가 되었다. 브랜슨은 '음악을 들을 수 있는 음반매장'을 설립했다. 고객이 음반을 사서 듣는 것이 아닌 음반 매장에서 음악을 들을 수 있게 한 것이다. 들어보고 사는 것이다. 재품이 아닌 문화와 즐거움을 파는 것이다. 그의 생각은 대박이 났다. 그에게 커다란 성공을 안겨 주었다.

필자도 브랜슨의 회사 버진 레코드의 혜택을 보았다. 영국에서 음악공부를 하던 시절 런던 번화가에 버진 레코드사가 있었다. 1층에는 음반 매장이 있었다. 음악을 자유롭게 들어 보았다. 그 시절 가장 반응이 뜨거운 음반들이었다. 시장의 흐름을 읽을 수가 있었다. 트렌드를 읽을 수 있는 기준이 되었다. 지하매장은 더 놀라웠다. 악기들이 셋팅되어 있었다. 물론 마음대로 연주 할 수 있었다. 전자드럼, 일렉 기타, 피아노, 베이스기타들이 있었다. 연주해 보고 소리를 비교해 본 다음에 악기를 구입하는 것이다. 한 쪽에는 무대가 있었다. 운이 좋은 날은 유명 가수의 공연을 볼 수가 있었다. 운 좋은 날이 비교적 많았다. 가까운 곳에서 유명한 팝가수를 볼 수가 있었다. 새로운 세상이었다.
그뿐만이 아니다. 당대 가장 히트한 곡의 녹음 파일을 열어 볼 수가 있었다. 싱어 소리만 따로 들어 볼 수도 있었고 악기 소리도 각각 들어

볼 수 있었다. 코러스 소리도 들어볼 수 있었다. 음악공부를 하던 필자에게는 엄청난 자료였다. 학교에서 배웠던 것 보다 버진 레코드 지하매장에서 배운 것이 더 컸다. 그 곳에서 있으면 아이디어가 넘쳐났다. 창작의 욕구가 솟아났다. 그곳에서 곡을 쓰면 대박이 날 거 같았다. '나도 음악을 만들 수 있을 것 같다.'는 생각이 들었다.

음악 만드는 것이 참 재미있다고 느껴졌다. 쉽다고 느껴졌다. 음악을 즐기면서 만들 수 있을 것 같았다. 버진 레코드 매장을 매일 출근했다. 학교보다 더 열심히 다녔다. 음악을 재밌게 접근하게 해준 고마운 존재다.

버진 레코드는 이후 급격하게 성장한다. 대형 레크드사를 넘어선 것이다. 리처드 브랜슨은 거기에 멈추지 않고 또 다른 사업으로 영역을 확장했다. 영화사업, 게임, 호텔, 항공 사업들이다. 그중에 항공 사업을 시작하게 된 일화는 유명하다.

리처드 브랜슨이 휴가를 가기위해 공항에 도착했다. 비행기가 결항되었다. 난감했다. 비행기를 타지 못해 방황하는 여러 사람들을 보았다. 브랜슨은 그 자리에서 2,000 달러에 비행기 한 대를 전세 냈다. 전세 비용을 승객 수로 나누었다. 한 사람당 39달러에 승객을 유치했다. 이것이 버진 항공사의 시작이었다. 독특한 아이디어였다. 돈이 있었기 때문에 가능한 것은 사실이다. 돈이 없어도 아이디어만으로 사업을 할 수 있다는 것을 보여주었다. 이미 확보된 고객이 있기 때문에 리스크가 없는 것이다. 모든 사업이 마찬가지다. 돈이 없어 사업을 못하는 것이 아니다. 아이디어가 없어 못하는 것이다.

아무리 괴짜 리처드 브랜슨도 항공 사업은 만만치 않았다. 위기를 극복하기 위해 홍보에 열을 올렸다. 괴짜처럼 홍보를 했다. 입소문이 나기 시작했고 다른 항공사와 차별화로 대중들의 사랑을 받기 시작했다. 위기를 기회로 만들었다. 무한 상상력과 아이디어로 반전을 시켰다. 그는 여기에 머무르지 않는다. 새로운 사업을 위해 또 나서고 있다. 다음 사업은 '민간 우주여행 사업' 이다. 말 그대로 상상이다. 상상을 현실로 만드는 것이다. 우주여행은 우리들에게 아직도 먼 나라 이야기다. 실현 가능성이 없는 만화 속 이야기일 뿐이다. 리처드 브랜슨은 현실로 만들고 있다. 이미 500명이 넘는 사람들이 우주관광을 위해 탑승권을 계약했다. 그중에는 스티븐 호킹, 안젤리나 졸리, 톰 행크스도 포함 되어있다. 대단하다.

상상하는 대로 이루어진다. 미래의 모습을 상상하라. 5년 후에 자신은 어떤 모습일지 마음껏 상상하는 것이다. 필자는 집에 들어가는 골목을 지나 갈 때 마다 상상했다. '지금은 비록 걸어 다니는 뚜벅이지만, 3년 이내에는 최고급 승용차를 타고 이 골목을 지나 갈 것이다.' 라고 상상했다. 차를 타고 지나가는 모습을 상상했다. 주차하는 모습을 상상했다. 차에서 내리는 모습을 상상했다. 현실인 것처럼 생생하게 상상했다. 3년이 지나기도 전에 상상은 현실이 되었다. 현대차의 최고급 승용차를 타고 골목길을 지나고 있었다. 주차를 하고 차에서 내리고 있었다. 그 기분은 체험을 해 본 사람만이 알 수 있다. 단순히 돈이 많아서 좋은 차 한대 사는 것이 아니다. 좋은 부모 만나서 차 한대 선물 받은 것이 아니다. 크게 상상하고 즐겼을 뿐인데 현실로 이루어 진 것이다. 이것이 하나의 꿈을 이루는 법칙이다. 우주의 법칙이다. 상상하고 믿는 것, 바라보고 믿는 것. 그 생각대로 되는 것이다.

리처드 브랜슨은 재밌게 상상한다. 일도 재밌게 한다. 상상력과 재미를 중요시 한다. 마음껏 상상하고 현실로 만든다. 일을 즐긴다. 밀린 숙제처럼 일을 하지 않는다. 상상력으로 돈을 번다. 늘 새로운 꿈을 꾼다. 그의 철학이 버진 그룹을 만들어 냈다. 돈을 벌 수 있는 기회는 많이 있다. 생각하기 나름이다. 돈이 없어 사업을 못 하는 것이 아니다. 아이디어와 상상 만으로도 얼마든지 큰 기업을 세울 수 있다. 리처드 브랜슨이 그 것을 보여주었다. 상상하는 것은 무료다. 많이 상상하는 사람이 이득이다. 상상하고 믿고 행동하는 것이 부자가 되는 지름길이다.

매 순간을 즐겨라.

K E Y
POINT
5-03

"즐겁지 않은 일은 의미가 없다."

-리처드 브랜슨

    오늘은 어제와 다르다. 똑같은 삶이 반복되는 것이 아니다. 모든 것이 반복되는 것 같아 보이지만 그렇지 않다. 오늘을 즐겨야 한다. 내일을 위해 오늘을 희생할 필요가 없다. 부자가 되기 위해 지금 이 순간을 고통스럽게 보낼 필요가 없다. 새로운 일에 도전하는 것은 즐거운 일이다. 즐겨야 한다. 어렵고 힘든 것이 아니다. 목표를 위해 자신의 인생을 고통스럽게 해서는 안 된다. 자신의 지금 모습을 사랑해야 한다. 상상하는 모습에 이르지 못했다고 실망할 필요가 없다. 가는 과정이다. 일을 즐겨야 한다. 일하는 시간과 노는 시간이 따로 있는 것이 아니다. 우리는 인생의 80%를 일 하면서 보낸다. 우리나라는 더 많은 시간을 일하면서 보낸다. 놀 시간이 얼마나 있는가? 즐길만한 시간이 얼마나 있는가? 사람들은 일이 끝난 후에 즐길 시간을 찾으려 한다. 일속에서 즐길 수 있는 것을 찾아야 한다. 일과 노는 것에 경계가 없어야 한다. 자칫 평생 일만하다 갈 수도 있다. 억울하지 않은가? 어제는 어려운 순간이었더라도 오늘 행복하면 되는 것이다. 내일 걱정이 태산이라도 오늘 즐기면 된다. 오늘 이 순간이 행복하면 우리의 미래도 행복할 수 있다. 오늘이 불안하고 불행하면 미래도 마찬가지다. 가장 중요한 것은 지금 이 순간을 즐기는 것이다. 지금 이 순간을 즐길 줄 아는 사람이 승자다.

진정한 삶은 목적지를 향해 가는 여행인 것이다. 목적지가 삶의 전부는 아니다. 가는 과정이 인생이다. 우리는 항상 목적지에 마음을 둔다. 시간이 흘러 꿈에 그리던 목적지에 도착할 것이다. 목적지에 도착하면 인생의 모든 것이 완성되는 것이 아니다. 또 다음 목적지를 향해 가는 것이 인생이다. 목적지에 가는 과정을 즐겨야 한다. 목적지를 향해 가는 과정에는 설레임이 있다. 그곳은 지상낙원일 거라고 생각한다. 모든 것이 완벽할 거라고 생각한다. 행복만 있을 거라고 생각한다. 제 3세계가 펼쳐질 거라고 생각한다. 현실은 그렇지 않다. 가는 과정에서 보았던 것들과 큰 차이가 없다. 기대했던 것만큼 화려하지 않다. 생각처럼 모든 것이 완벽하지 않다. 목적지에 오기 전에는 그곳이 환상의 세계였다. 직접 눈으로 보는 순간 그곳은 현실세계인 것이다.

리처드 브랜슨은 매일 매순간을 즐기라고 말한다. "아 오늘은 이걸 해야 돼" 라는 의무감으로 일을 하지 말라고 한다. 매순간을 즐기라는 것이다. 행복하지 않게 시간을 보내기에는 인생이 너무 짧다고 말한다. 우리는 아침에 일어 날 때부터 스트레스로 시작한다. 양 어깨에 무거운 짐이 있다. 무거운 의무감이 있다. 우울한 표정으로 직장에 출근

한다. 출근해서 의자에 앉는 순간 이미 지쳐있다. 몸이 무겁다. 어떤 일을 할 때 재밌지 않으면 다른 일을 찾아야 한다. 필자가 엔터테인먼트에서 일할 때는 스트레스를 많이 받았다. 일은 재밌었지만 육체적인 피로와 함께 정신적인 스트레스가 많았다. 어느 날 투자자의 회사를 찾아갔다. 제조업 공장이었다. 두 세 시간 공백이 생겼다. 투자자의 회사 사장님이 공장 일을 좀 도와 달라고 하셨다. 단순 노동이었다. 아무 생각 없이 손으로 하는 작업이었다. 단순했다. 필자는 일을 하는 것이 아니었다. 쉼을 얻었다. 머리가 맑아졌다. 즐거웠다. 이렇게 일하고 돈을 벌 수 있다면 공장에서 일하고 싶었다. 스트레스가 없었다. 공장에 웃음이 넘쳐났다. 직원들끼리 웃으면서 일했다. 시간도 빨리 갔다. 공장 직원들의 얼굴은 하나같이 평화로워 보였다. 엔터테인먼트 관계자들과는 얼굴빛이 달랐다. 화려해 보이는 엔터테인먼트에서 일하는 나 자신보다 공장에서 일하는 사람들이 더 행복해 보였다. 그곳에서 일하는 두 세 시간이 에너지를 충전하는 시간이 되었다.

지금은 시대가 바뀌었다. 조금만 더 참고 공부해서 좋은 대학만 가면 고생 끝나는 시대는 지났다. 좋은 대학만 가면 고생 끝 행복 시작이 아니다. 그런 시절도 있었다. 좋은 대학만 나오면 이후의 인생이 풀리던 시절도 있었다. 큰 어려움 없이 살아갈 수 있었다. 그때는 내일을 위해 오늘 희생하는 삶이 옳은 것이었다. 지금은 그렇지 않다. 아무리 좋은 명문 대학을 나와도 행복한 삶이 보장이 되어 있지 않다. 앞으로는 더 할 것이다. 좋은 대학의 의미가 사라지고 있다. 좋은 대학이 인생을 보장하던 시대는 지났다. 좋은 직장에만 들어가면 평생 배 따뜻하게 살아가던 시절은 지났다. 이런 시대에는 오늘을 더 즐기고 사는 사람이 승자다.

사람들은 꿈을 이루기 위해 열심히 산다. 오늘을 희생하면서 산다. 좋은 대학에 가고 좋은 직장에 들어가기 위해 오늘을 열심히 산다. 좋은 집과 좋은 차를 사기 위해 오늘을 희생한다. 행복해 지기 위해 오늘을 희생한다. 전재조건을 가진 행복은 영원하지 않다. 유통기한이 있다. 짧다. 목적하는 바를 이루었을 때는 행복하다. 하지만 순간이다. 인생은 계속되고 있기 때문이다. 꿈을 위해 오늘을 열심히 살아야 하지만 즐겨야 한다. 과정 속에서 행복을 찾아야 한다. 꿈이 있다는 것 자체가 즐거운 것이다. 꿈을 생각하는 것 자체만으로 행복할 수 있다. 꿈을 위해 일하고 있다는 것 자체를 즐기는 것이다. 지금 이 순간 작은 것에 만족하면서 즐기는 것이다. 필자는 어려움이 닥칠 때마다 문제를 생각하지 않는다. 꿈을 생각한다. 앞으로 이루어 질 일을 생각한다. 해결되지 못한 문제를 생각하면 머리가 복잡해진다. 우울해 진다. 혼자 고민하고 걱정한다고 해도 해결되지 않는다. 내 힘으로 해결 할 수 있는 것이 아니기 때문이다. 꿈을 생각하면 입가에 미소가 띄어진다. 생각이 맑아진다. 단순해진다. 지금은 어렵고 복잡한 순간이지만 결국에는 좋은 결과로 이루어질 것을 믿기 때문에 행복한 것이다. 밝은 곳을 바라보는 것이다. 오늘을 즐기는 것이다. 문제는 대부분 시간이 해결해 준다. 걱정을 많이 하는 사람이 손해다. 걱정해서 문제가 해결 될 것 같으면 필자는 밤새 걱정만 할 것이다. 어려움이 해결 될 수만 있다면 이틀, 삼일 밤도 걱정할 수 있다. 그렇다고 문제는 해결 되지 않는다. 시간이 해결해 준다. 우리가 할 일은 지금 이 순간을 즐기는 것이다.

오늘이라는 시간은 오늘 밖에 없다. 다시는 오지 않을 시간이다. 오늘을 의미 있게 살아야 한다. 꿈에 집중하고 바라보면서 살아가야 한다. 꿈은 의무감이 아니다. 풀어야 하는 숙제가 아니다. 마음속에 있는 보물인 것이다. 꿈을 생각만 해도 가슴이 뛰어야 한다. 사랑하는 사람을 생각만 해도 가슴이 뛰듯이 꿈도 그래야 한다. 꿈을 생각해도 가슴이 뛰지 않는다면 꿈을 사랑하지 않는 것이다. 진정으로 자신의 꿈이 맞는 지 생각해 보아야 한다. 꿈과 목적이 없이 오늘 하루를 즐기는 것은 방탕한 것이다. 행복한 삶이 아니다. 오히려 불행한 삶이다. 꿈을 가지고 오늘 이 순간을 즐길 줄 아는 사람이 가장 행복한 사람이다. 일도 즐겨야 한다. 평생 일을 해야 한다면 일을 놀이처럼 생각해야 한다.

PART 04

인생을 바꾼 책
- 손 정의 회장

"포기하지 않는 이상 한계는 없다."

-소프트뱅크 손 정의 회장

수많은 어려움과 위기 속에서도 좌절하지 않고 손자병법 등 4,000 여권의 책을 읽으며 자신만의 '제곱병법'을 만들어 냈다. 손 정의 회장 은 19세의 어린 나이에 인생계획을 했다. 고등학교 시절에 이미 세계 적인 기업가가 될 큰 뜻을 세웠다.

'20대에 이름을 알린다.'
'30대에 1000억 엔 정도의 사업 자금을 모은다.'
'40대에 사업을 크게 일으킨다.'
'50대에 그 사업을 글로벌 기업으로 키운다.'
'60대에 사업을 후배에게 물려준다.'

손 정의 회장은 주소가 없는 무허가 집에서 태어났다. 아버지는 생 선을 팔아 가정을 꾸려갔다. 재일 한국인 이라는 것 때문에 무시당하고 외면당했다. 정주영 회장처럼 금수저가 아닌 흙 수저를 물고 태어났다. 손 정의 회장은 19세에 세운 인생계획 대로 25살 나이에 인터넷 도매업체를 설립했다. 직원 2명을 고용했다. 직원 앞에서 그는 이런 말을 한다.

"지금 우리의 모습은 초라하지만 앞으로 30년 후에는 조 단위 매출을 올리는 대기업이 될 것입니다."

직원들의 반응이 어떠했을지 감이 오는가? 직원들은 젊은 사장의 허풍에 코웃음 쳤다. 직원들은 얼마 후 회사를 그만 두었다.

청년 손 정의 에게 기회가 왔다. 당대 일본 최고 전자업체 샤프사의 사사키 전무는 자신의 집을 담보로 청년 손 정의에게 투자를 했다. 인생 계획대로 잘 풀려나가는 듯 했으나 갑자기 만성간염이 찾아 왔다. 5년의 시한부 인생을 살게 되었다. 손 정의는 좌절하지 않았다. 시한부 인생시절 손자병법 외에 4,000여권의 책을 읽었다. 병과 싸움에서 이겨냈다. 건강을 회복했다. 인생계획을 실현하기 위해 다시 일어섰다. IT투자 기업을 설립하고 10년 만에 1,000억 엔, 우리나라 돈으로 1조원의 매출을 기록하는 기업으로 성장 시켰다.

손 정의 회장은 위기에 강했다. 절망 속에서 낙담하지 않았다. 시한부 인생에서도 꿈을 놓지 않았다. 책을 읽었다. 책을 통해 인생설계를 다듬어 갔다. 구체적으로 설계해 갔다. 그런 꿈이 있었기 때문에 병과의 싸움에서 이길 수 있었다. 할 일이 남아 있었기 때문이다. 그런 의식이 병을 이긴 것이다. 눈에 보이는 세균을 정신이 이긴 것이다.

손 정의 회장은 통 큰 결단력을 가졌다. 장기적인 투자 안목을 갖추었다. 그런 통찰력을 책을 통해 얻었다. 자신만의 제곱병법을 가지고 있었다. 컴덱스를 인수하고, 야휴 재팬을 설립했다. 초고속 인터넷 사업으로 확장을 하고 이동통신사를 인수 했다. 소프트웨어, 금융, 로봇 등 다양한 분야에 투자해 756개 자회사와 105개의 관련사를 갖게 되었다. 한해 매출액만 80조원이 넘는 거대 IT기업이 되었다.

손 정의 회장은 말한다.

"꿈을 수치화해서 기한을 정하는 것, 꿈을 구체적인 목표로 나타낼 수 있으면 절반은 달성한 것이나 다름없습니다." 라고.

꿈을 수치화 할 수 있는 능력, 구체적으로 목표를 설정할 수 있는 능력이 중요하다. 그런 통찰력을 가져야 한다. 근거 없는 자료는 의미 없다. 시대의 흐름을 간파 하는 것이 중요하다. 단순한 정보에 의지하는 것이 아니다. 인터넷에 떠도는 기사를 통한 것이 아니다. 주변 사람의 말에 혹해서 행동하는 것이 아니다. 통찰력과 지혜를 가지는 것이다. 책을 통해서 통찰력과 지혜를 얻을 수 있다. 꿈을 수치화 할 수 있다. 기한을 정할 수 있다. 꿈을 구체화 시킬 수 있다.

필자도 군 생활 중에 평생 계획을 세웠다. 5년 이내에는 1년 단위로 인생계획을 세웠다. 10년 이후 부터는 5년 단위로 인생계획을 세웠다.

30세 나이에 타고 싶은 차를 적어 놓았다. 어떤 직업을 갖고 싶은지 적어 놓았다. 한 달에 얼마의 수입을 벌고 싶은지 적어 놓았다. 오피스텔에 살 것인지 아파트에 살 것인지 구체 적으로 적어 놓았다. 여자 친구를 만나고 있을 것인지 결혼을 할 것인지 적어 놓았다. 각각의 공동체에서 어떤 역할을 하고 있을 지 적어 놓았다. 사회의 어떤 유명 인사와 만나고 있을 지 적어 놓았다.

구체적인 수치와 기한을 정해 놓았다. 몇 살에 어디까지 갈 것인지를 적어 놓았다. 인생은 한치 앞을 알 수 없다. 반드시 그 계획대로 흘러가지는 않는다. 계획보다 천천히 이루어지는 것 같다. 마치 멀리 돌아가고 있는 것 같다. 꿈이 너무 크다고 스스로 자책 할 때도 있다. 하지만 꿈은 내가 이루는 것이 아니다. 우주가 나서서 일하는 것이다. 단지 상상하고 즐기면 될 뿐이다. 그런 지혜와 통찰력을 책을 통해 얻었다. 근거 없는 자료가 아니다. 허무맹랑한 상상이 아니다. 불가능한 상상이 아니다. 책을 통해 통찰력을 얻어야 한다.

"무언가를 향해 돌파해 나갈 때 대게 바람은 반대 방향으로 불어옵니다. 그렇지만 그 바람을 원망할 필요는 없습니다. 두 배의 힘을 기울여 나아가면 되니까요." 손 정의 회장의 말이다. 어떤 일을 행해 나가면 환경이 가장 열악할 때가 많다. 가만히 있으면 환경은 평안하다. 움직일 때 환경이 열악해 진다. 할 수 없는 상황으로 몰아간다. 대부분 거기에서 주저 않는다. 손 정의 회장은 그런 상황에서 두 배의 힘을 기울여 나아가야 한다고 말한다.

포기하지 않는 이상 한계는 없다.

부자 옆에 줄을 서라.

KEY POINT 5-04

"부자 옆에 줄을 서라.

산삼 밭에 가야 산삼을 캘 수 있다."

-이건희 회장

부자가 되고 싶으면 부자들이 모이는 곳에 가서 듣고 보고 배워야 한다. 가난해도 부자 줄에 서야 한다. 세계금융을 주무르는 세력이 있다. 유태인들이다. 그중 대표적인 가문이 로스차일드이다. 유태인이 세계금융을 장악하는 이유 중에 하나는 그들만의 교육방법에 있다. 유태인의 생각을 읽고 싶다면 탈무드를 공부하면 된다. 유태인 중에 부자가 많이 나오는 이유는 부자의 사고방식을 가지고 있기 때문이다. 부자의 사고방식을 대대로 배우기 때문이다.

부자는 은행의 돈을 자신의 것으로 생각한다. 사업 아이템이 문제다. 돈은 문제가 되지 않는다. 필요에 따라 은행에서 돈을 가져다 쓰는 것이다. 부자들의 사고방식이다. 부자 옆에 있으면 돈을 어떻게 버는지 지켜 볼 수가 있다. 특별한 것은 없다. 사고방식이 다를 뿐이다. 누구나 따라하면 할 수 있는 것들이다. 부자의 사고방식을 카피해야 한다. 세계경기가 어렵고 저성장 시대라고 한다. 그로 인해 저금리가 계속 되고 있다. 지금 만큼 돈을 빌려 쓰기에 좋은 환경은 없다. 확실한 사업 아이템만 있다면 얼마든지 시작할 수 있다.

부자는 감각적으로 판단하고 적극적으로 도전한다. 경제 자료는 참고용이다. 참고를 할 뿐 사업에 영향을 주지 않는다. 사업의 결정 여부는 감각에 맡긴다. 결정 했으면 적극적으로 도전한다. 망설임이 없다. 앞뒤를 살피지 않는다. 주변을 살피지 않는다. 감각적으로 결정하는 시간이 걸리는 것이지 사업을 추진하는 것은 순간이다. 보통사람들 눈에는 장애물만 보인다. 부자의 눈에는 기회만 보인다. 보통사람과 부자의 차이다. 사고방식의 차이다.

부자는 결정을 했으면 시작부터 한다. 일단 시작하면서 생각한다. 감각적으로 결정을 했기 때문에 그것을 믿는 것이다. 자신의 감각을 믿는 것이다. 감각을 믿고 결정했으면 시작 하는 것이다. 예상치 못한 위기 상황이 오더라도 당황하지 않는다. 언제나 있었던 일이다. 위기 속에서 또 다른 기회를 발견한다. 새로운 돌파구를 만들어 낸다. 수많은 경험이 있기 때문에 위기 극복이 쉽다. 더 큰 어려움도 넘어왔기 때문에 가능하다. 보통 사람은 생각이 너무 많다. 생각이 복잡하다. 지식이 너무 많다. 할 수 없는 이유가 많다. 안 될 이유를 수백 가지 가지고 있다. 안 될 수밖에 없는 경제 자료를 수없이 가지고 있다. 어떤 일도 시작할 수 없다. 성공이 보장 되더라도 예측 불가능한 변수 때문에 두려워한다. 실패 사례를 많이 접해 보았기 때문이다.

부자는 자기 일을 한다. 회사 일을 하는 것이 아니다. 사람들은 회사 일을 한다. 부자는 자기 일이 있다. 능력만큼 가져가는 것이다. 시장이 무한데다. 무한데 능력을 가지고 있다면 수익도 끝이 없다. 빠르게 부자가 되기 위해서는 자기 일이 있어야 한다. 부자의 사고방식을 카피하고 자기 일을 만들어야 한다. 오늘 당장 CEO가 아니 여도 마찬가지다. 똑 같은 회사에서 일을 한다고 하더라도 어떤 생각을 가지고 일하느냐에 따라 인생이 달라진다. 평생직장에서 일하고자 하는 사람은 보통사람이다. 나도 언제 가는 내 회사를 세워야겠다고 생각한 사람은 부자가 될 사람이다.

부자의 줄을 서려면 자수성가 한 사람의 줄에 서야 한다. 타고난 부자에게서 배울 수 있는 것은 한계가 있다. 타고난 부자는 태어날 때부터 부자였기 때문에 부자가 되는 방법을 모를 수도 있다. 자기 힘으로 부자가 된 사람은 노하우를 가지고 있다. 무에서 10년이 걸려 부를 이루었다고 가정하자. 그 사람이 또 다시 무에서 지금의 부를 이루는데 얼마나 시간이 걸릴 것 같은가? 5년도 걸리지 않을 것이다. 처음에는 많은 시행착오로 시간이 많이 걸린다. 또 다시 반복한다면 노하우를 가지고 있기 때문에 시간을 단축시킬 수 있다. 자신의 힘으로 부자가 된 진짜 부자들의 줄에 서야 한다. 그래야 부자가 될 수 있는 노하우를 배울 수 있다. 부자 옆에 줄을 서면 영향을 받게 된다. 사사로운 것도 영향을 받게 된다. 자신도 모르는 사이에 부자 사고방식이 되어 간다.

시간이 흐르면 자신도 부자의 반열에 올라 갈수 있다.

　부자의 사고방식은 지식으로 전달되지 않는다. 지식만으로 부자를 카피할 수는 없다. 지식이 오히려 부자 사고방식을 갖는데 걸림돌이 된다. 단편적인 사고방식으로 한계를 짓는다. 단정 짓는다. 부자의 줄에 서서 지혜를 배워야 한다. 부자의 사고방식을 배우면 돈은 저절로 따라온다. 부자의 지식이 아닌 지혜를 배워야 한다. 보통사람들의 맨 앞줄에 서기보다 부자의 가장 끝에라도 서야 한다. 부자의 줄에 서 있으면 자연스럽게 부자가 될 수 있다.

　삼성전자의 이건희 회장도 부자 옆에 줄을 서라고 말한다. 산삼 밭에 가야 산삼을 캘 수 있다고 말한다. 부자가 되기 전에 부자처럼 생각하고 행동해야 한다. 행동을 먼저 하면 현실은 따라온다. 매일 같이 부자처럼 생각하고 행동하다보면 자신도 모르는 사이에 부자가 되어 있을 것이다. 필자도 지금까지 부자처럼 생각하고 행동했다. 호주머니에는 동전이 짤랑 거릴 지라도 수십억대 부자인 것처럼 생각하고 행동했다. 시간이 흘러도 현실은 똑같아 보였다. 필자도 모르는 사이에 부자가 되어있었다. 믿음대로 세상이 움직였던 것이다. 항상 웃어보아라. 웃을 일이 넘쳐 날 것이다. 항상 감사해 보아라. 감사 할 일이 넘쳐 날 것이다. 필자도 죽을 위기 앞에서 감사했다. 반복되는 위기 앞에서도 감사했다. 끝이 보이지 않은 깊은 터널 안에서도 감사했다. 감사할 수 없는 상황에서 감사했다. 지금은 모든 것이 감사한 상황이 되었다. 마음으로 감사했지만 현실에 감사 할 일만 생기는 것이다. 부자처럼 생각하고 행동하다보면 현실 세계에도 부자가 되어 있을 것이다.

부자는 적극적인 말을 사용한다. 부자들을 만나 보아라. 원망 불평하는 부자가 몇 명이나 있는가? 불평하기 보다는 돈 되는 사업 아이템이 무엇이 있는지를 이야기 한다. 누가 어떻게 성공 했는지 이야기를 한다. 타인을 비판할 시간이 없다. 성공한 사람을 카피하기에도 바쁘기 때문이다. 주변에 성공한 사람들이 넘쳐나기 때문에 할 이야기가 끈이지 않는다. 자신도 성공 했지만 머무르지 않고 또 다른 성공을 해야 하기 때문에 적극적인 말만 나온다. 부자 옆에 줄을 서서 사고방식을 카피하라. 당신은 빠른 시간에 부자가 될 수 있다.

PART 05

위기를 기회로
– 카를로스 슬림 회장

"어떤 일을 하기로 결정했다면 빨리 시작하라."

-카를로스 슬림

"가장 좋은 기부는 일자리를 창출하는 것이다." 라고 강조하는 사람이 있다. 평소 검소하게 생활 하는 것으로 널리 알려져 있다. 자신의 가장 귀한 자산은 돈이 아닌 생활방식이라고 말한다. 1940년 멕시코에서 출생한 세계적인 대 부호 카를로스 슬림 회장이다.

카를로스 슬림은 독특한 점이 있다. 한 나라의 경제를 좌지우지 할 수 있는 권력자이지만 기부에는 인색하다. 최고의 기부는 일자리 창출이라고 생각하기 때문이다. 고용과 교육을 위해 적극적으로 투자하고 있다. 기여 방식이 우리가 알고 있는 슈퍼 리치와는 조금 다르다.

카를로스 슬림은 '멕시코의 경제대통령' 이란 별명을 가졌다. 통신 시장 독과점 기업인 텔멕스 그룹과 금융, 항공, 건설, 운송 등 다양한 사업에 진출해 있다. 멕시코 GDP의 5%이상을 카를로스 슬림이 이루어내고 있다. 멕시코는 '슬림 제국' 이라는 말도 있다. 현재 소유하고 있는 대표적인 기업은 텔멕스, 아메리칸 모빌 등이 있다. 재산은 포브스 집계로 80조 정도 한다. 하지만 시작은 지금처럼 화려하지 않았다. 1960년대 중반 26세의 젊은 나이에 음료를 병에 담는 공장을 시작했다. 사업이 안정적으로 돌아가자 여러 기업을 공격적으로 인수했다. 어린 시절이 부유하지 않았다. 아직까지도 생활습관이 검소하다고 한다.

자수성가형 부자들의 특징은 젊은 나이에 사업을 했다는 것이다. 자수성가한 인물들을 카피해야 한다. 하나의 사업이 성공을 하면 다음 사업의 발판으로 사용해야 한다. 그래야 급속도로 성장 할 수 있다. 카를로스 슬림도 시작은 초라했다. 누구나 할 수 있는 작은 공장이었다. 생각의 차이였다. 꿈의 크기가 달랐다. 그 사람의 크기는 생각의 크기다. 생각을 크게 가져야 한다.

카를로스 슬림 회장은 의사결정이 정말 빠르다. 작은 사업이 성공을 하자 기업들을 인수하기 시작했다. 공격적으로 인수했다. 처음부터 키워 나가는 데는 시간이 걸린다. 어느 정도 노하우가 쌓여 있는 회사를 인수한 것이다. 자신의 본 사업과 시너지를 낼 수 있는 회사를 인수한 것이다. 동물적 감각으로 사업을 확장 시켜 나갔다.

돈이 아니라 사람이다. 그 사람의 됨됨이가 중요하다. 믿을 수 있는 사람이 되어야 한다. 협상하는 것은 돈만으로 되는 것이 아니다. 믿고 맡길 수 있어야 한다. 카를로스 슬림 회장이 쉽게 기업을 인수하는 이유 중에 하나이다.

카를로스 슬림 회장은 세계 최고의 부자인데도 생활 방식은 매우 검소하다. 화려한 패션을 자랑하는 졸부들도 많다. 진정한 자수성가한 부자들은 보통 검소하다. 지하철을 타고 다니는 경우도 흔하다. 비싼 식사를 즐겨 하는 경우도 드물다. 그릇이 안 되면 부를 감당하지 못한다. 갑자기 땅 값이 몇 백배 올라서 졸부 된 사람이 있다. 돈을 어떻게 써야 할지를 모른다. 감당할 그릇이 못 되는 것이다. 좋은 차를 사고 좋은 옷을 산다. 지인들 밥을 사준다. 날마다 술을 사고 돈을 쓴다. 감당할 그릇이 안 되기 때문에 돈은 그 사람을 스쳐 지나갈 뿐이다. 그릇이 된 사람은 돈이 없어도 부자가 된다. 그 사람을 부자로 만들기 위해 주변 환경이 일을 한다. 아이디어만으로 큰 부자가 된다. 상상 만으로 큰 부자가 된다. 늘 기회가 온다. 늘 행운이 함께한다. 100년에 한 번 있을까 말까한 기적 같은 일이 자주 일어난다. 그 사람의 그릇이 크기 때문이다. 감당할 수 있는 그릇이기 때문이다. 부자가 되기 위해서는 먼저 그릇을 만들어야 한다. 사람 됨됨이가 중요하다.

자수성가형 부자들은 부동산 투자에 관심이 많다. 카를로스 슬림은 텔셀이라는 통신회사로 멕시코 내수 시장의 70%를 점유하고 있다. 이 것만으로도 80조원이 된다. 어마어마한 금액이다. 그럼에도 건설사를 소유하고 있고 부동산 투자를 하고 있다. 카를로스 슬림은 젊을 때부터 부동산 사업에 진출 했다. 변동성이 심한 글로벌 위기에도 든든한 배경이 되기 때문이다. 1982년 멕시코 경제 위기 때이다. 사업체의 주가가 폭락할 때 부실기업을 싼 값에 인수 했다. 경제 위기를 대하는 자세가 달랐다. 시간이 지나 경기가 회복 되었다. 싼 값에 인수 한 기업의 가치는 이미 달라져 있었다. 경제의 흐름을 이해한다면 앞으로도 우리에게는 기회가 많다. 모두가 힘들다고 할 때 기업을 인수 하면 된다. 망했다고 할 때 부동산을 사면된다. 역발상이다. 자수성가한 사람들의 공통점이다. 부동산이든 회사이든 제 값 주고 사는 것은 의미가 없다. 위기 일 때 성공한 사람 눈에는 기회가 보이는 것이다. 앞으로도 기회가 있다. 그 의미는 앞으로도 보통 사람들에게 큰 위기가 있다는 것이다. 통찰력 있는 예비 부자라면 준비를 잘 해야 한다. 그 통찰력은 책을 통해 나온다. 카를로스 슬림은 위기를 기회로 바꾼 사람이다.

자수성가한 부자의 특징을 카피해야 한다. 가난도 상속 될 수가 있고 가난한 습관도 유전된다. 그 유전자를 뿌리 채 뽑아내야 한다. 부자들은 자신의 자녀들에게 가난을 대처하는 교육을 한다. 심지어 가난한 아이들과 어울리지 못하게 한다. 이런 속 좁은 부자는 되지 말아야 하지만 부자 교육은 반드시 필요하다. 생각의 변화가 필요하다. 부자들의 생각과 습관, 투자방법들을 연구하고 카피해야 한다.

세계 제일의 부자 빌게이츠도 말한다.
"어릴 적 나에겐 정말 많은 꿈이 있었고, 그 꿈의 대부분은 책을 읽을 기회가 많았기에 가능했다." 라고. 가난의 상속을 자신 스스로 끊었다. 가난한 습관도 자신 스스로 끊었다. 가난의 유전자를 뿌리 채 뽑았다. 바로 책을 통해서 그랬다.

필자도 부자가 되고 싶었다. 가난의 상속을 받고 싶지 않았다. 부자가 되기 위해 가장 먼저 한 행동은 도서관에 가는 것이었다. 의식혁명이 필요했던 것이다. 통찰력을 얻게 되었고 세상의 위기를 감지하게 되었다. 세상의 위기는 부자가 될 사람에게 기회다. 앞으로도 기회는 존재한다. 카를로스 슬림 회장만 위기 속에서 부자가 된 것이 아니다. 위기 속에서 큰 기회를 발견해야 한다.

KEY POINT 5-05 피하지 말고 정면으로 맞서라.

"인생은 복잡하지 않다. 우리가 복잡하게 살아갈 뿐이다.
그리고 단순한 삶이 올바른 것이다."

-오스카 와일드

흔들리지 않는 파도는 없다. 비바람이 치더라도 피하지 말고 정면 돌파 하라. 바람에 몸을 맡겨야 한다. 주변 환경에 의해서 흔들릴 필요 없다. 세상의 변화에 몸을 맞기면 된다. 변화를 자연스럽게 받아 들여야 한다. 정면 돌파 할 때 강해진다. 회피 할수록 나약해 진다. 이 세상 어디를 가도 안전한 곳은 없다. 지금 처한 곳 보다 더 좋은 곳은 없다. 있는 자리에서 승부를 해야 한다. 그곳에서 인정을 받고 결과를 보여 줘야 한다. 5년 후에는 당신이 CEO가 될 수 있다는 것을 보여줘야 한다. 직장 생활을 해 본 사람들은 알 것이다. 어느 곳도 편한 곳은 없다. 그곳을 벗어나면 천국이 있을 것 같지만 현실은 그렇지 않다. 인생의 위기는 바다의 태풍과 같다. 태풍은 바다를 뒤집어 놓는다. 하지만 태풍으로 인해 바다는 정화된다. 위기 속에 우리의 인생이 강해지는 것이다. 더욱 성숙해 진다. 위기가 왔다고 불평 불만할 이유가 없다. 피하지 말고 정면으로 맞서 싸워야 한다. 세상의 모든 일은 감당할 수 있을 만큼만 주어진다. 그 사람의 그릇만큼만 주어진다. 힘들더라도 피하지 말아야 한다. 틀림없이 감당할 힘을 공급받게 될 것이다. 힘든 시간을 통해서 한 단계 더 성장해 있을 것이다.

복잡한 문제가 터졌을 때 가장 좋은 방법은 정면으로 부딪치는 것이다. 손을 놓고 있을 수는 없다. 본인이 해결해야 할 일이라면 정면승부해야 한다. 복잡한 문제를 메모장에 적어 놓고 우선순위를 정해야 한다. 급한 것부터 풀어 나가야 한다. 복잡한 문제를 외면한다고 해서 해결되지 않는다. 풀어야 하는 문제다. 그 또한 즐거운 마음으로 풀어가야 한다. 누가 대신해 줄 수 없는 문제다. 무작정 풀어지기를 기다리는 것은 어리석은 것이다. 구체적으로 무엇이 문제인지 파악해야 한다. 이유를 찾아냈다면 간결하게 결론을 내려야 한다. 문제를 빨리 해결하는 방법은 간결함이다. 단순해야 한다. 명확해야 한다. 복잡한 문제를 단순화 시켜야 한다. 당신보다 더 복잡한 일로 살아가는 사람도 많다. 당신의 복잡한 문제를 단순한 것으로 생각해야 한다. 평정심을 찾을 수 있을 것이다.

복잡한 문제로 위기에 처했을 때는 운동을 하는 것도 좋은 방법이다. 땀을 흘리면서 운동을 하면 복잡하게 느껴졌던 문제가 작게 느껴진다. 얼마든지 해결 할 수 있을 것 같은 자신감이 든다. 굳었던 몸도 풀린다. 뇌에 산소가 공급된다. 기분도 좋아진다. 아이디어도 생긴다. 아이디어를 통해 복잡한 문제를 단순화 시켜 나간다. 인생이 복잡한 것은 생각이 문제다. 단순 할수록 일이 잘 풀린다. 단순 할수록 인생의 발걸음이 가볍다. 단순한 사람은 긍정적이다. 필자는 복잡한 문제가 있을 때마다 산에 오른다. 가벼운 마음으로 산책을 한다. 산에 올라가면 기분이 상쾌해 진다. 높은 산에 올라가면 세상이 필자의 발아래에 있다. 자신감이 생긴다. 복잡한 문제가 작게 느껴진다. 마음이 너무 복잡하면 바로 산으로 간다. 정장에 구두 차림이라도 상관없다. 가는 것이다. 기분 전환을 위해서 산에 오른다. 관악산에서 정장차림에 구두를 신고 정상에 오른 사람을 본 적이 있는가? 그 사람이 필자다. 산에 오르면서 생각한다. 문제를 단순화 시킨다. 위기를 극복할 방법을 찾아낸다.

아일랜드 출신의 영국 소설가 오스카 와일드는 말한다.

"인생은 복잡하지 않다. 우리가 복잡하게 살아갈 뿐이다. 그리고 단순한 삶이 올바른 것이다."라고

위기를 가장 빠르게 극복하는 방법은 일의 단순화이다. 모든 일을 단순화 하면 목적지에 가는 길도 단순해진다.

부딪쳐야 이긴다. 피하면 상대는 강해진다. 쫓기는 사람은 인생이 불안하다. 자신감은 사라지고 몸은 위축된다. 부딪히고 도전하는 사람은 강해진다. 부딪히면서 배운다. 부딪히면서 깨닫는 것이다. 위기를 정면으로 돌파하면 순간 온몸에 힘이 넘쳐난다. 몸에 변화가 생기는 것이다. 본능이 움직이는 것이다. 동물적 감각이 움직이는 것이다. 젊음이 있다면 더욱더 부딪쳐야 한다. 젊은 시절의 위기는 약이다. 젊은 시절에 경험한 모든 것은 약이 된다. 위기를 정면으로 극복한다는 것

은 만만치 않다. 하지만 행동을 시작하면 생각하는 것만큼 어려운 문제는 없다. 생각이 힘든 것이다. 행동하고 정면으로 돌파하는 것이 가장 빠른 길이라는 것을 알게 될 것이다.

눈에 보이는 것만이 세상의 전부가 아니다. 세상을 움직이는 것은 눈에 보이는 것이 아니다. 눈에 보이지 않는 것이 세상을 움직인다. 눈에 보이는 것은 하나의 현상일 뿐이다. 이미 보이지 않는 곳에서 이루어 진 것이 눈에 나타나게 된 것 뿐이다. 보이는 것 보다 보이지 않는 것이 더 중요하다. 세상은 아는 만큼 보인다. 눈에 보이는 세계만 아는 사람은 그것이 전부라고 생각한다. 자신의 노력만큼만 이룰 수가 있다. 부자는 눈에 보이지 않는 세상을 안다. 눈에 보이지 않는 힘을 신뢰한다. 자신을 부의 세계로 이끈 존재가 있다는 것을 인정한다. 자신의 노력으로는 그만큼 부자가 될 수 없음을 잘 알기 때문이다.

의심은 장애물을 본다. 믿음은 장애물 뒤에 있는 기회를 본다. 의심은 한 걸음 내 딛을 때마다 두려워한다. 믿음은 낭떠러지 앞에서도 흔들리지 않는다. 떨어져도 높이 날아오를 수 있다는 것을 알고 있기 때문이다. 항상 기적을 체험하고 살기 때문이다. 의심은 부정적인 말을 낳는다. 할 수 없다고 말한다. 믿음은 긍정의 말을 낳는다. 할 수 있다고 말한다.

부자가 되는 과정은 치열하다. 산전수전 다 겪게 된다. 그러면서 경험과 경륜이 쌓인다. 삶의 베테랑이 된다. 부자가 되는 노하우를 쌓아

간다. 어떤 사업도 만만한 것은 없다. 버텨야 한다. 맷집을 늘려야 한다. 나약한 정신으로 할 수 있는 것은 아무것도 없다. 어떤 악조건에서도 원하는 결과를 만들어 내야 한다. 오래 살아남는 자가 진정한 승자다. 살아남는 것이 능력이다. 급변하는 시대에 살아 존재하는 것 자체가 능력이다. 위기에 강한 자가 살아남는다. 위기를 정면 돌파 할 수 있는 배짱 있는 자가 승리 할 수 있다. '어떻게 해서든 문제를 해결하고 이루어 내야겠다.' 라는 절박함이 부자로 이끈다. 절대로 어려움을 피하려 하지 말고 돌파해야 한다. 자신감을 가지고 도전해야 한다. 그런 과정을 거쳐 부자가 되는 것이다. 부자가 된 사람은 서로 통하는 것이 있다. 부자와 통하는 사람이 되기를 바란다.

생각을 멈추고
지금 당장 시작하라.

"승리하면 조금 배울 수 있고, 패배하면 모든 것을 배울 수 있다."

-크리스티 메튜슨

부사처럼 행동하라. 지금 당장 행동하라. 생각을 멈추고 지금 당장 시작하라. 부자처럼 옷을 입고 연기를 해 보라. 부자처럼 행동하다 보면 실제로 그렇게 될 수 있다고 믿게 된다. 자신도 모르는 사이에 부자가 되어 있을 것이다. 이론이 아니다. 필자가 그 증거다. 현재 상황이 어떻든 간에 항상 부자처럼 보이기 위해 노력해야 한다. 남들보다 뒤쳐져 있다고 조급해 할 필요 없다. 부자처럼 당당한 모습을 잃지 않으면 된다.

스티브 잡스를 모르는 사람은 없다. 애플사를 창시하여 거대한 부를 이루었던 사람이다. 천재라는 수식어는 항상 따라다녔다. 잘 나가는 부자였다. 겉보기에는 화려한 부자였지만 내면에는 아픔이 많았다. 췌장암으로 항상 건강에 위협을 받았다. 자기가 만든 애플사에서 쫓겨났다. 토이스토리가 성공하기 전까지 그는 거지였다.

epilogue

우리는 스티브 잡스를 세상의 역사를 새로 쓴 사람으로 기억한다. 엄청난 부자로 기억한다. 하지만 내면을 들여다보면 어려운 시련이 있었다. 그런 시련을 이겨내고 최고가 되었다. 최고의 부자가 되었다. 당신에게 시련이 있다고 절망하고 있는가? 부자가 되기 위한 훈련을 받는 다고 생각해야 한다.

"길을 모르면 물으면 될 것이고 길을 잃으면 헤매면 그만이다. 중요한 것은 나의 목적지가 어디인지 늘 잊지 않는 마음이다."

사람들은 시작하기 전에 너무 많은 생각을 한다. 생각하는 시간이 길어질수록 행동으로 옮기는 것은 더 어려워진다. 시작하기 전에 지쳐버린다. 시작하면 길이 열린다. 행동하면 방법이 생긴다. 바보 같지만 먼저 행동 한 사람이 더 많은 것을 경험한다. 그것이 약이 되어 더 큰 일을 이루어 갈 수 있다.

크리스티 메튜슨은 "승리하면 조금 배울 수 있고, 실패하면 모든 것

생각을 멈추고
지금 당장 시작하라.

을 배울 수 있다." 고 말했다. 행동하면 손해 볼 것이 없다. 승리하면 좋고 실패하면 배울 수 있어서 더 좋은 것이다.

필자는 이 책을 통해서 부자가 되는 로드맵을 정확하게 세시해 주었다. 마음에 감동이 오는 독자가 있다면 지금 당장 시작해야 한다. 35세 10억 회사주인 되기를 목표로 시작해야 한다. 지금 당장 인생계획을 해 보아야 한다. 지금 당장 부자를 찾아가 보아야 한다. 부자가 될 수 있는 방법을 배울 수 있을 것이다. 수십 년의 세월을 벌 것이다.

행동하는 사람에게 행운이 함께 할 것이다.

돈 버는 게
제일 쉽다

초판발행일 | 2016년 3월 25일

지 은 이 | 박석진
펴 낸 이 | 배수현
디 자 인 | 박수정
제 　 작 | 송재호

펴 낸 곳 | 가나북스 www.gnbooks.co.kr
출 판 등 록 | 제393-2009-000012호
전 　 화 | 031) 408-8811(代)
팩 　 스 | 031) 501-8811

ISBN 979-11-86562-25-3

※ 가격은 뒤 표지에 있습니다.